不战的勇士

DESMOND DOSS: CONSCIENTIOUS OBJECTOR

[美] 弗朗西丝·道斯（Frances M.Doss）/ 著

钟友珊 / 译

天地出版社 | TIANDI PRESS

图书在版编目（CIP）数据

不战的勇士 / （美）弗朗西丝·道斯著；钟友珊译. — 成都：
天地出版社, 2019.6
ISBN 978-7-5455-4334-6

Ⅰ.①不… Ⅱ.①弗… ②钟… Ⅲ.①戴斯蒙德·道
斯—传记 Ⅳ.① K837.125.2

中国版本图书馆CIP数据核字（2018）第248706号

本书由台湾时兆出版社授权北京心阅时代文化传媒有限公司出版

著作权登记号 图进字：21-2019-34

不战的勇士
BU ZHAN DE YONGSHI

出 品 人	杨　政
著　者	［美］弗朗西丝·道斯
译　者	钟友珊
责任编辑	杨永龙　聂俊珍
封面设计	徐　海
内文排版	徐　海
责任印制	葛红梅

出版发行	天地出版社 （成都市槐树街 2 号　邮政编码：610014）
网　址	http://www.tiandiph.com http://www.天地出版社.com
电子邮箱	tiandicbs@vip.163.com
经　销	新华文轩出版传媒股份有限公司

印　刷	北京盛通印刷股份有限公司
版　次	2019年6月第1版
印　次	2019年6月第1次印刷
成品尺寸	145mm×210mm　1/32
印　张	7.75
字　数	160千
定　价	48.00元
书　号	ISBN 978-7-5455-4334-6

致　谢

戴斯蒙德的母亲是他生命中非常重要的人，
我希望能用这本书来表达他对母亲伯莎·道斯的感念之情。
而我母亲也是我生命中非常重要的人，
同样我也用此书来表达我对母亲葛楚德·夏尔曼的感谢之意。

弗朗西丝·道斯

别人都在杀人，我在救人，
这才是我的信念

★ 美利坚合众国总统杜鲁门将陆军荣誉勋章授予戴斯蒙德·道斯

The President of the United States of America, authorized by Act of Congress, March 3, 1863, has awarded in the name of The Congress the MEDAL OF HONOR to

PRIVATE FIRST CLASS DESMOND T. DOSS
UNITED STATES ARMY

for service as set forth in the following

Citation: Private First Class *Desmond T. Doss,* United States Army, Medical Detachment, 307th Infantry, 77th Infantry Division. Near Urasoe-Mura, Okinawa, Ryukyu Islands, 29 April - 21 May 1945. He was a company aid man when the 1st Battalion assaulted a jagged escarpment 400 feet high. As our troops gained the summit, a heavy concentration of artillery, mortar and machinegun fire crashed into them, inflicting approximately 75 casualties and driving the others back. Private First Class *Doss* refused to seek cover and remained in the fire-swept area with the many stricken, carrying them one by one to the edge of the escarpment and there lowering them on a rope-supported litter down the face of a cliff to friendly hands. On 2 May, he exposed himself to heavy rifle and mortar fire in rescuing a wounded man 200 yards forward of the lines on the same escarpment; and two days later he treated four men who had been cut down while assaulting a strongly defended cave, advancing through a shower of grenades to within eight yards of enemy forces in a cave's mouth, where he dressed his comrades' wounds before making four separate trips under fire to evacuate them to safety. On 5 May, he unhesitatingly braved enemy shelling and small-arms fire to assist an artillery officer. He applied bandages, moved his patient to a spot that offered protection from small-arms fire and, while artillery and mortar shells fell close by, painstakingly administered plasma. Later that day, when an American was severely wounded by fire from a cave, Private First Class *Doss* crawled to him where he had fallen 25 feet from the enemy position, rendered aid, and carried him 100 yards to safety while continually exposed to enemy fire. On 21 May, in a night attack on high ground near Shuri, he remained in exposed territory while the rest of his company took cover, fearlessly risking the chance that he would be mistaken for an infiltrating Japanese and giving aid to the injured until he was himself seriously wounded in the legs by the explosion of a grenade. Rather than call another aid man from cover, he cared for his own injuries and waited five hours before litter bearers reached him and started carrying him to cover. The trio was caught in an enemy tank attack and Private First Class *Doss,* seeing a more critically wounded man nearby, crawled off the litter and directed the bearers to give their first attention to the other man. Awaiting the litter bearers' return, he was again struck, this time suffering a compound fracture of one arm. With magnificent fortitude he bound a rifle stock to his shattered arm as a splint and then crawled 300 yards over rough terrain to the aid station. Through his outstanding bravery and unflinching determination in the face of desperately dangerous conditions Private First Class *Doss* saved the lives of many soldiers. His name became a symbol throughout the 77th Infantry Division for outstanding gallantry far above and beyond the call of duty.

Harry S. Truman

October 12, 1945
THE WHITE HOUSE

★ 美利坚合众国总统代表国会将"荣誉勋章"授予戴斯蒙德·道斯的颁奖词原文

美利坚合众国总统代表国会
将"荣誉勋章"授予戴斯蒙德·道斯

★ **姓名：** 戴斯蒙德·道斯（Desmond T. Doss）

★ **军阶与所属单位：** 美国陆军第 77 步兵师 307 团医务支队

★ **一等兵受奖事实发生时间与地点：** 1945 年 4 月 29 日到 5 月 21 日，琉球群岛冲绳浦添村（Urasoe Mura）附近

★ **入伍登记地点：** 弗吉尼亚州林奇堡市

★ **出生地：** 弗吉尼亚州林奇堡市

★ **一般命令第 97 号：** 1945 年 11 月 1 日

★ **受奖事实叙述：** 当第 1 步兵营对一个约 120 米高的崎岖山崖发动攻击时，戴斯蒙德·道斯是军队的随行医护兵。我军攻上崖

顶时，敌军展开一阵猛烈的大炮、迫击炮及机关枪的攻击，造成约 75 人死伤，多人撤退。然而一等兵戴斯蒙德·道斯却拒绝寻求掩护，选择留在受伤战友的身边，将他们一个个徒手搬运到崖边，抬上担架，再用绳索将他们沿着山壁垂降到由我方人员掌控的安全区域。

5 月 2 日当天，在同一个山岭上，他为了营救一名受伤的战友，在步枪密集的扫射及迫击炮的轰炸下，冒险前进至火线约 183 米处；两天后，他冒着四处投射手榴弹之危险，挺进离敌军只有 7 米远的一个洞穴口，为 4 名在进攻一座防守严密的洞穴时受伤的战友裹伤；后来又在炮火中往返 4 趟，将他们运送到安全地带。

5 月 5 日那天，他不顾敌方小型武器的攻击，救助了一名炮官。他为这名炮官缠上绷带，将他移到小型武器攻击不到的地点。虽然大炮及迫击炮的炮弹在他附近爆炸，但他仍在艰难的环境下完成了为炮官注射血浆的任务。

当天稍晚，我方一名军官被从洞穴发射的炮火击成重伤，并距离敌军仅有七八米之远，一等兵道斯见状，不顾危险，爬到这位重伤者身旁施行急救，并在持续猛烈的炮火袭击中，抓着他行经 95 米进入安全地点。

5 月 21 日，在首里城附近发生的一场攻击的高地行动中，戴斯蒙德·道斯的其他战友纷纷寻求掩护时，他却宁可冒着被误认为是敌方之危险，也要冲向前方抢救伤患，然而他自己的双腿却因此被手榴弹炸成重伤。

尽管受了伤，他却不愿叫其他医护兵离开掩护地点前来照顾他，反而自行处理伤势，直到 5 小时后两名搬运担架的士兵到来，将他抬上担架，快步带往掩护地点。

然而士兵和他在途中却遇上坦克车攻击，道斯看到附近有人伤势比他严重，就自愿下担架，让士兵带重伤者先行离开。在等待他们返回的时候，道斯再度遭炮火袭击负伤，一条手臂粉碎性骨折。但凭着过人的坚忍毅力，他以来福枪的枪杆当作固定的夹板，绑在自己碎裂的手臂上，忍痛爬过 274 米崎岖难行的坡路，抵达救护站。

因卓越的勇气及大无畏的决心，一等兵道斯在极端危险的环境下拯救了许多战友的性命。对于第 77 步兵师来说，他的名字成了勇士的代名词，其英勇行为已远远超越了他个人的职责。

1945 年 10 月 12 日于白宫

总统杜鲁门

目 录
CONTENTS

第 1 章

回忆（一）

戴斯蒙德·道斯站在运兵船的护栏边，望向大海。西方挂着半轮明月，银色的月光洒遍海面。

他所在的这艘船正驶离夏威夷；美军第 77 步兵师刚结束在那里的丛林作战演练。时值第二次世界大战，船上的士兵只知道船队正朝着西太平洋方向前进，没人告诉他们最终的目的地。

甲板上有几名士兵摸黑走动着，船只之所以不开灯，是怕敌军发现而受到对方炮弹攻击。尽管戴斯蒙德并非一人独处，但他仍感到孤单寂寥。

他的思绪飘向了家以及亲爱的家人：父母、弟弟、姐姐，以及新婚两年的漂亮妻子。他好想多萝西，想起搭船离开美国前跟她相处的最后片刻。"何时才能再见到她？这一天会来临吗？"一想到这点，戴斯蒙德心中痛苦不堪。他尝试将思绪转移到其他地方。

★★★★★

一幅画

"一幅美丽的画，请出价！"拍卖官边说边从一些拍卖品中抽出一幅画。"请出价！"他又说了一次。"10 美分！有人出 10 美分。有人要出 20 美分吗？好的，伯朗先生，谢谢你。20 美分！有人要出 50 美分吗？这幅画很美，它远远超过这个价钱。好，50

拍卖的十诫画

美分了！有没有人要出 75 美分？"他环顾四周。"有人出 75 美分了。80 美分！有没有人？"他等了一下，又继续喊："75 美分！75 美分！75 美分！有人出 80 美分吗？没有了吗？成交！由那边的那位先生以 75 美分标得。"

"道斯先生，恭喜！你赚到了！"拍卖官说。托马斯·道斯把那幅画接过来，看着它，纳闷自己为何要买下一幅描绘主祷文及十诫的画。他承认它画得很好，但他买这幅画做什么呢？

"好吧！伯莎也许想把它挂在客厅的墙壁上。"道斯喃喃自语道。他参加这场拍卖会的目的只是想为新居添购一些家具及其他用品；他和伯莎刚结婚，希望能在有限的预算下购买他们爱的小窝所需的家具。

尽管购买这幅画时，戴斯蒙德·道斯还没出生，但他已听大人们说过很多次了；更何况那幅画近在眼前——就挂在他们位于弗吉尼亚州林奇堡市（Lynchburg）依斯利街家中那间小小客厅的墙上。

戴斯蒙德从小就对那幅画充满了兴趣——事实上，妈妈有时希望他能转移注意力，不要对那幅画有那么浓厚的兴趣。原因不是妈妈不想让戴斯蒙德注意它，而是小戴斯蒙德老是把一张原本放在餐厅的椅子拖到客厅，挺直背站在椅子上，非常仔细地端详画中的人物与图片。

有一次，妈妈告诉他："戴斯蒙德，把椅子放回餐厅，好吗？

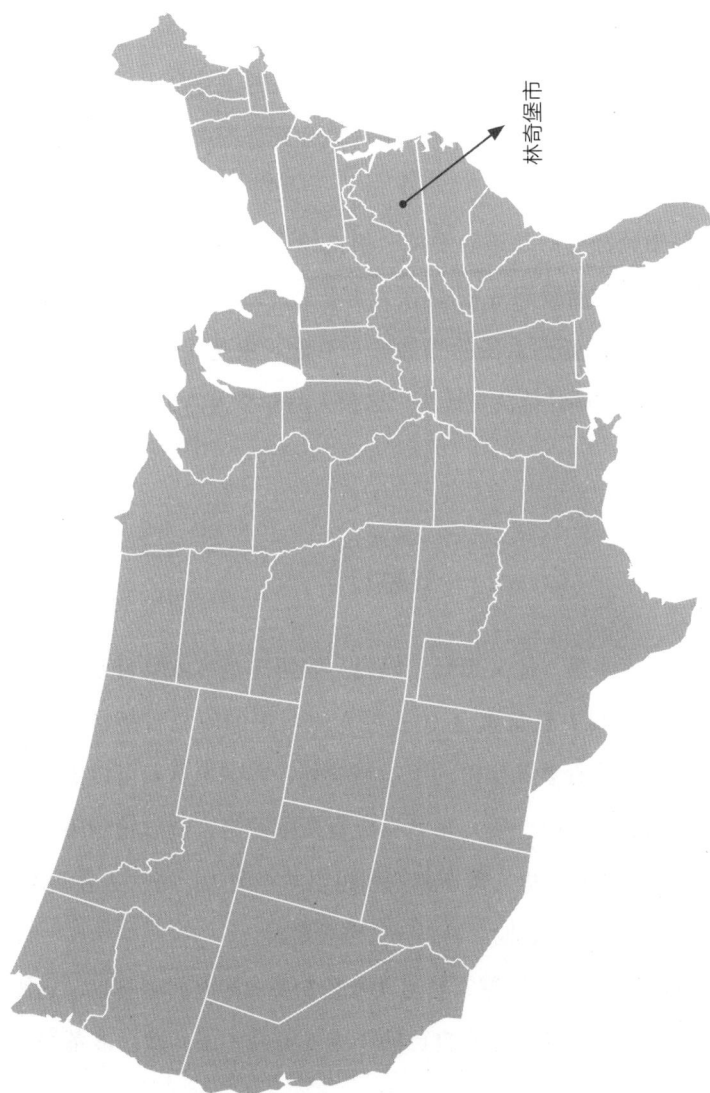

林奇堡市

天呀！那椅面都快被你磨坏了，你怎么一天到晚老是站在上面！"不过戴斯蒙德知道妈妈不是真的生气，只是抱怨。

那晚站在运兵船的甲板上，处在昏暗的太平洋，戴斯蒙德不断忆起从小到大的点点滴滴，再次体会到那幅画对他的影响有多深远。

那幅画描绘的是该隐手持一根棍棒，杀死了弟弟亚伯，在尸体旁警戒。戴斯蒙德常想："亲哥哥怎么能做出这种事？"这个画面让他深深感受到杀戮的恐怖——不论对象是人还是其他生物，他相信是这幅画让他决定成为一名救人而非杀人的医护兵。

—— ★★★★★ ——

安息日学

任思绪飘荡，他又想起了妈妈。妈妈总是在安息日带着他们三个孩子一起上教堂聚会（《圣经》里所提的安息日是指周六）。妈妈最早是推着婴儿车里的姐姐奥黛莉，等到奥黛莉可以走路跟在妈妈身旁出门时，婴儿车就换成戴斯蒙德坐，最后轮到弟弟小哈罗德坐在婴儿车里，戴斯蒙德和姐姐站在两边。每次去教堂时，他们两人都一路开心地在妈妈旁边蹦蹦跳跳。

"戴斯蒙德、哈罗德，复习《圣经》功课的时间到啰！"妈妈这样喊着，奥黛莉已经有自己的小本《圣经》了，她已准备好要翻开《圣经》，而两个小男生也很快加入她和妈妈的行列。这项活动已成为他们家的一个传统。

戴斯蒙德想起，他被征召入伍前，才因为他每周准时出席教会的安息日学，且每天认真地研读本周的功课进度，所以获得小缎带勋章作为奖励。这已经是他第八次得到缎带勋章了。

戴斯蒙德印象最深刻的一件事是有一次他被分配要清理黑板及板擦。他心想："黑板看起来不脏，很干净，所以不用清理，我只要把两个板擦拿出去清一清就能回家了。"

这时，他突然心生一计。他知道，如果把两个板擦相互摩擦，就可以让板擦表面看起来很干净，而且也不会因为清理粉笔灰的关系，使他的喉咙痒到一直想咳嗽，这样也比较省时。于是，戴斯蒙德将两个板擦轻轻摩擦后便直接放回黑板旁的粉笔槽。然而，尽管两个板擦表面看起来很干净，但其实里面积满了粉笔灰。

戴斯蒙德刚把板擦放好，聪明而有智慧的老师尼尔·基特嫚（Nell Ketterman）就径行走到黑板前。她拿起两个板擦互相撞击——粉笔灰飞得到处都是！这时，老师说了一句令戴斯蒙德终生难忘的话："戴斯蒙德，如果有一件事你觉得不值得去做，就干脆不要做。"戴斯蒙德于是将板擦拿出去，再次清理——这次他完全照规矩来，而老师的这句话也从此让他铭记在心，不论是在成长的过程中，还是军旅生活中，他始终牢记这句话：凡事只要决定去做，一开始就要努力做好。

板擦事件发生后不久，基特嫚老师就去中国当宣教士了。戴斯蒙德长大后，也曾想像基特嫚老师一样，到远方做海外宣教的工作。然而当他置身在那艘运兵船上时，他还不知道，自己也即将在所前往的岛屿上成为一名真正的宣教士，看顾当地民众以及自己的战友。

★★★★★

上天的眷顾

戴斯蒙德的成长过程中充满了惊险的经历。有时，他的妈妈还真不知道他是如何顺利长到这么大的。老实讲，回顾他过去25年的人生，戴斯蒙德也不明白自己是怎么保住小命、活到现在的。

"戴斯蒙德，牛奶喝光了！再不补满，明天早上就没得喝了！"妈妈说，"你去埃拉阿姨家带一夸脱（约946毫升）的牛奶回来，好吗？"埃拉阿姨有个菜园，还养了一头乳牛。当时正值经济大萧条时期，埃拉阿姨总是慷慨地与亲戚分享她家里的蔬菜和牛奶，因此妈妈叫戴斯蒙德去她家拿牛奶。

他和埃拉阿姨之间平常的对话内容，他几乎都背下来了。

"一夸脱就够了吗？戴斯蒙德。"她总是很热情地问。"妈妈只叫我拿一夸脱。"戴斯蒙德每次也只是这样平淡地回答。

"好吧！"接着，她会把牛奶倒进戴斯蒙德带来的那个容量为一夸脱的玻璃瓶中。（那时的牛奶都装在玻璃瓶里，不像现在都用塑料容器。）

"埃拉阿姨，谢谢您！"戴斯蒙德拿到牛奶后通常会答应替埃拉阿姨问候妈妈，之后就打道回府。

但这一次戴斯蒙德没能到埃拉阿姨家。去埃拉阿姨家的路上会经过一段鹅卵石铺设的石子路，尽管它比泥巴路好走一点儿，但路况也是起伏不平。这天，戴斯蒙德的脚踢到一颗石头绊了一跤，因为怕把玻璃瓶摔破，他把瓶子高举着——但没有用，瓶子还是碎了！

戴斯蒙德摔倒在地，发出惨叫声。邻居听到声音，急忙跑出来看是谁受伤了，有人跑去告诉戴斯蒙德的母亲。他的妈妈听闻后即刻从家里跑到人行道，看到戴斯蒙德倒在地上。

"宝贝，发生什么事了？"

她立刻察觉他的左手伤得不轻，于是跑回家里，拿了一条大毛巾把他的手包扎起来。一位邻居借给他们车，把戴斯蒙德送到林奇堡市医院（相当于今日急诊室）的诊间。

医生努力把戴斯蒙德的手缝合起来。"道斯太太，我已经尽全力了，但令郎的手恐怕永远无法恢复正常的功能。他的肌腱和肌肉已被割得……"医生没继续往下说。

在无法复原的阴影笼罩下，戴斯蒙德及伤心的妈妈回到家里。但妈妈还是想为戴斯蒙德做点什么，于是，只要戴斯蒙德的手一有愈合的迹象，不再那么疼痛时，她就尽量将他的手指头前后、上下、左右地扳动，使肌肉能伸展到最大极限。

"噢！噢！妈妈，好痛！好痛！"戴斯蒙德大叫。

"戴斯蒙德，我知道，但我们只要有一点点能让那只手复原的希望就不能放弃。你试试看，我如果没去拉你的手指，它们自己能不能动？我们一起为你的手指祷告好吗？"妈妈一直为戴斯蒙德的手祷告，但现在她的祷告更加热切了。

有一天，妈妈从工作的鞋厂刚回到家，就听到戴斯蒙德的声音。"妈，你快来！我要给你看一样东西！"戴斯蒙德迫切地叫着。

"来了来了！怎么了？"妈妈走向戴斯蒙德。他伸出左手，摆动他的食指。

"戴斯蒙德，太好了！你的手指能动了！"妈妈惊呼着。看到这奇迹般的转变，她高兴得不得了。

尽管两只手在外观上有点不同，但只要手的功能正常，他就很满足了。

—— ★★★★★ ——

另一个祝福

那夜在甲板上，戴斯蒙德又想起一次特别的经历。

那天，他正跟邻居家的小朋友玩耍，他们在一面石墙的上方坡地跑来跑去。戴斯蒙德一不小心摔了下来，膝盖被碎砾的墙面削去一层皮。他记得当时痛得不得了。"我要先回家了！"他告诉其他小朋友。

那晚，他看着伤口喃喃自语："天哪，好痛！"他心想，伤口迟早会好的。他不想让妈妈为膝盖擦破皮这种小事担心。于是他努力用正常的方式走路，没让家人发现他受伤——但没能隐瞒太久，因为到了第三天，他发现自己已无法下床了。

由于妈妈去鞋厂上班，很早就得出门，邻居太太珍妮阿姨会过来帮忙将孩子们叫醒、弄早餐，并送他们出门上学。那天早上，她一如往常地叫戴斯蒙德起床，可是过了好几分钟，他依然没动静，于是她跑去戴斯蒙德的房间看看怎么回事。

她发现戴斯蒙德抱着膝盖低声呻吟，尽管她没什么医学背景，但看到他的膝盖，就知道他病得不轻：整个膝盖又红又烫，骇人的红色纹路由瘀伤处向外散开，显示伤口已有败血症的迹象。珍妮阿姨立刻打电话给在鞋厂上班的戴斯蒙德的妈妈，跟她简单说明了一下戴斯蒙德膝盖的情形，请她赶快回家照顾他。

"戴斯蒙德，你怎么不早点告诉我？"妈妈看到戴斯蒙德的膝盖难过地问道。

"我以为它自己会好，不想让你担心。"戴斯蒙德回答。

妈妈心想，她宁愿戴斯蒙德早点说，就算让她操心也不要拖到现在，但她当时没这样跟戴斯蒙德说。后来，医生来了，仔细检查过戴斯蒙德的膝盖后，医生告诉戴斯蒙德的父母（那时候爸爸也赶回来了）："虽然很遗憾，但我仍然必须要告诉你们，戴斯蒙德的膝盖受到了非常严重的感染，现在唯一的办法，恐怕就是截肢，因为病毒已侵入他的身体，除非截肢，否则他的性命不保。"

"性命不保？"这怎么可能！但他们怎么可以就这样让医生把戴斯蒙德的一条腿锯掉！不，不！难道以后戴斯蒙德就只能靠一条腿行动？那太悲惨了！可是，要是不截肢，戴斯蒙德就会没命？这真是一个难以抉择的时刻！

"医生，难道真的没有其他方法了吗？"妈妈绝望地问。医生建议他们在戴斯蒙德的膝盖上放个热敷袋试试。

"道斯太太，你不妨试试看。不过要注意，至少每两个小时更换一次。我不知道这样做有没有用，要是到明天没有改善的话，还是得截肢。"医生离开时这样回答。

妈妈把一大锅热水放在炉子上，让它保持滚烫，然后将一条大毛巾用热水浸湿，扭干后放在戴斯蒙德的膝盖上，上面再覆盖一条折了又折的厚毛巾，以维持下方热毛巾的热度，并频繁更换热毛巾，确保它一直是热的。

这样持续一日一夜更换热敷毛巾，戴斯蒙德的母亲已精疲力竭，但她仍没停下手上的动作。

"妈妈，我的腿好像没那么痛了。"夜里，戴斯蒙德对妈妈说。妈妈仔细查看伤口，也觉得似乎有一点好转，红色条纹渐渐变淡了。激动的泪水涌出她的眼眶，她继续更换热敷毛巾。

第二天，医生来了。他再次检查戴斯蒙德的膝盖，说："道斯太太，我想你会赢得这场战役。情况似乎已渐渐好转，但接下来几天仍要密切观察。"这些话仿佛是天上的美妙佳音！道斯一家都高兴得不得了——最高兴的自然还是戴斯蒙德本人。

关于那场病，他还特别记得一件事：在床上躺了几天，接受治疗并渐渐好转后，他决定试着站起来。他先坐到床边，把脚放到地面，想靠着脚的支撑力慢慢站起来——结果整个人摔倒，重重地趴在地板上！他这才知道自己得努力恢复体力，且几乎要重新学会走路。

第 2 章

回忆（二）

隔了几晚后，戴斯蒙德又走到运兵船的甲板上，这天月亮升得较高，银色的月光依旧洒遍海面，他又开始回忆往事。

— ★ ★ ★ ★ ★ —

自行车

"真希望我能有一辆自行车。"戴斯蒙德有一天向朋友保罗说道，"这样我们就可以一起骑自行车出去玩了。"

"你为什么不去买一辆？"保罗问。

"没办法，我没钱。"戴斯蒙德回答。两人沉默了一会儿，但很快保罗就想到一个主意。

"我们去资源回收场试试运气吧！或许可以捡到别人丢掉的零件，我们可以自己组装一辆车。走！我们去试试看！"戴斯蒙德欣然同意。很快，两人就来到回收场，开始翻翻拣拣。

"这个看起来好像是自行车的车体！"保罗边说边把垃圾挖开，"真的！它看起来还算完好。"

"这里有个轮胎——咦，是两个！"戴斯蒙德也很兴奋。

他们继续搜寻，找到一个链轮，又捡了两三条链条，为了避免链轮和链条的尺寸不合，他们甚至还找了两个旧轮胎备用；尽管这些东西看起来需要修补，但也许他们可以自行搞定，甚至连前后挡泥板都能找到，虽然一个是红的，另一个是蓝的，不过它们还是可以使用的。

两个小男孩高兴地把战利品拖回家。他们在保罗爸爸的工具箱中找来了螺栓及螺丝，没多久就把自行车组装起来了。尽管自行车看起来不怎么样，但重点是可以骑。戴斯蒙德和保罗常一起骑车出去，或许因为这车是他们自己努力的成果，所以骑起来格外开心、享受。

不过戴斯蒙德也没忘记，那辆自行车好几次几乎把他害惨了。有了自行车后，他每天都骑着它上学。有一天在骑往学校的路上，戴斯蒙德经过格林先生的杂货店，看到伍兹先生送牛奶奶酪的卡车停在旁边，这唤醒了他的冒险欲：何不抓着卡车的车尾搭便车？这样可以更快到学校。

于是，当伍兹先生跳上车，准备开往下一个配送点时，戴斯蒙德立刻抓住了右后侧的挡泥板，紧靠卡车右侧。

"真好玩！"当戴斯蒙德这样想时，车子已很快地转进林奇堡市的坎贝尔大道，这是一条路面平整的主要道路，早晨这段时间路上人车不多，他忍不住大声说："太好玩了！一点儿都不危险嘛！"然而，后来有几次卡车为了闪避路上的人车，车尾几乎快要撞上人行道（显然伍兹先生不知道有个小男孩骑着自行车贴在他的卡车后面），这时戴斯蒙德开始觉得不对劲，似乎这样做有点儿危险了！

接着，他看到前方山脚下的铁路，卡车接着就要通过几条交叉的轨道——两组火车铁轨及一条转弯的电车轨道即将在此交会。戴斯蒙德微微瑟缩了一下，但还是抓紧卡车后方，现在的卡车车速已不容他放手了。

过铁道时，自行车颠簸得非常厉害，有片刻时间戴斯蒙德担心那辆拼装自行车的"老骨头"会经不起这样的折腾；自行车轮和铁轨相碰时，感觉车身好像快要解体了，有几次他觉得自己也快要被甩出去了。但很快，卡车和自行车便顺利通过了所有铁轨，开上平坦的柏油路，驶往山丘的下一个配送点。

戴斯蒙德毕竟是小男孩，天不怕地不怕，等到卡车停在一家餐厅门口前，准备配送牛奶及其他奶制品时，戴斯蒙德早已将刚才的惊险过程全抛诸脑后了。

不知情的伍兹先生轻快地跳下车，走到车子后方准备卸货，却听到戴斯蒙德稚嫩的声音传来："感谢伍兹先生带我兜风。"他立即转头，看到一名小男孩和一辆奇怪的自行车。

他这时才听懂小男孩所说的"兜风"是指什么，他的脸色顿时铁青。

"小子，你不要命了吗？你知不知道这样做可能会没命！拜托，不要再干这种无聊的事了。"

戴斯蒙德除了说"好吧"之外，不知道该说什么，他只能尴尬地跳上自行车，稍微回想了一下刚才的经历，用比刚才慢很多的速度往学校骑去。

───── ★ ★ ★ ★ ★ ─────

跳火车

没多久，他忆起自己另一次更疯狂、更玩命的尝试。

当时的林奇堡市（它除了是战略要地之外，也是铁路和公路的交通枢纽；有多条重要铁路在此交会，还有一个具有战略性的内陆河流码头。该市在美国南北战争时期是南部同盟军的重要物资供给地，更是 1865 年南北战争签署停战协议的地方），在火车站，常能看到有着庞大蒸汽引擎的火车头，后面拖着长长的货车车厢或乘客车厢，然后发出阵阵的汽笛声。这些总是令住在附近的小男孩们着迷，但他们的母亲却不喜欢火车冒出的黑烟，也不喜欢家里的东西都沾上一层煤灰，然而小男孩是不管这些事的。

那天放学后，戴斯蒙德和堂兄弟皮斯顿及比佛利（他真的就叫 Beverly。Beverly 这个词在英文里通常是指女生的名字）碰头，三人盘算着，在放学后和被叫回家吃晚饭前的这段时间有什么乐子可找。

"我知道了！我们去第 20 街看我爸爸的列车经过吧！我想它差不多就在这个时间会经过那里。"皮斯顿提议着，他的爸爸担任那列火车的列车长。

当他们到达第 20 街站时，那列车刚好靠站了。戴斯蒙德的叔叔蓝萨协助部分旅客下车，然后退回车厢边，打手势要驾驶开动。火车渐渐加速，蓝萨看到他们三人，便笑着向他们挥手打招呼。

1919 年时的林奇堡市

这列载着乘客的火车开走后，另一列在旁等候它通过的货运火车也开始沿着铁轨缓缓前进，这时又有个大胆的主意在戴斯蒙德的脑海里闪现。

"嘿！我们跳上火车试试看！"戴斯蒙德兴奋地大叫。

"会不会很危险？"比佛利看着隆隆驶过的货运火车问道。

"放心啦！我爸在他婚前去找我妈约会的时候，就经常这样做，他老是把它叫作'握住扶手'；他常常这样做，只要跳上火车，然后抓稳火车侧面的阶梯扶手就行了——简单得很！"

不过，戴斯蒙德没讲清楚，他的爸爸在铁路局上班，对于跳上、跳下火车的时机都掌握得很清楚，而且他这样做时，都是在车速很慢的时候。

皮斯顿和比佛利似乎相信了戴斯蒙德的说法，于是三人开始跟在火车旁边跑，完全没有想到这样做有多危险。

"我先跳上，然后你们学我的动作！"戴斯蒙德喊道。他说完便跳上火车，抓住阶梯扶手，其他两人也迅速跟进，于是三人就像是"搭"火车一样站在车厢门口。很快，皮斯顿和比佛利玩够了，觉得无趣，便跳下车，然而戴斯蒙德却没跳下来。

"戴斯蒙德，下来！车子越来越快了！"两个男生尖叫。

"它太快了！我没办法跳！"但戴斯蒙德心里明白，他必须在列车开上横跨坎贝尔大道的高架桥前跳下车，不然他就死定了。最终戴斯蒙德还是决定放手一搏，他跳下车后重重地摔到地面上，并滚到铁轨旁的路堤边，直至撞上路堤旁的水泥墙才停下来——
而墙的下方约九、十米处就是坎贝尔大道。若是晚十秒钟再跳，
就会看见他血溅坎贝尔大道，那情况差不多就是——死得很惨。

"哇！好险呀！"刚经历了这一番折腾，戴斯蒙德仍处于亢奋
状态。他拼命喘气，并试着动动手脚，检查四肢，还好身上没什
么大伤，瘀青是一定有的，但至少骨头没断。

他一拐一拐地走回家，妈妈刚好下班回来。他很小心地移动，
希望不要被看到。妈妈虽然注意到戴斯蒙德比平常安静，但由于
她忙着准备晚餐，打算稍后再找时间问他。

戴斯蒙德不希望爸爸知道他做了什么"好事"，然而爸爸一进
家门，电话就响了，爸爸急忙跑过去接。

"什么？你说什么？"爸爸边说话边朝着戴斯蒙德的方向看。
他静静地听对方讲了几分钟，然后挂断电话。

戴斯蒙德后来才知道，他的堂兄弟因为没看到他跳下来，所以
回家后害怕地把整件事的来龙去脉向莫德婶婶全盘托出，于是莫德
婶婶紧张地打电话来询问戴斯蒙德回了没有、有没有受伤等。

"戴斯蒙德，你的脑袋到底在想什么？你知不知道你做了什么
事？莫德婶婶把整件事都告诉我了。你竟然会疯到以为自己可以
跳上火车——我要好好教训你，让你知道不可以做这种事。"爸爸
的脾气相当火爆，相信他的情绪已经处于失控状态了。

"爸爸，我再也不敢了！真的，我再也不会这样做了！"

"我知道你以后'可能'不敢了，但我要'确保'你以后真的不会再做！"父亲愤怒地扯下腰间的宽皮带，开始抽打戴斯蒙德。皮带不断地打在戴斯蒙德的背部、腿部以及身体其他地方，他痛得大叫，但爸爸却完全没有想要罢手的意思！血开始从他的背部汩汩流出，戴斯蒙德痛不欲生，他甚至觉得还不如跳下火车摔死算了！

尽管妈妈还搞不太清楚到底发生了什么事，但她仍赶来解救她的宝贝儿子。"托马斯，够了！你下手太重了！"

"他活该！笨家伙！"爸爸的怒气仍未消尽，他气呼呼地走向另一个房间。

"戴斯蒙德，你到底做了什么事，让爸爸这么生气地毒打了你一顿？"妈妈不舍地跪在戴斯蒙德身边问道。戴斯蒙德抽噎着，断断续续地说出他跳上火车的事。

"孩子啊，你不知道这样做可能会没命吗？就算掉下去没死，也可能被马路上来来往往的车辆辗断手脚而终身残疾。"

"妈妈，我知道。我以后再也不会这样了！"

"我很高兴你这样说，宝贝，我可不想因此失去我的儿子。你既然答应了，我想你一定会做到的。"妈妈是个智慧的女人，知道信任孩子比起责难他更能帮助孩子走在正路上。

之后每当戴斯蒙德想起这件事，就会想到：要是皮斯顿或比佛利从火车上摔下去而失去性命或一只手、一条腿怎么办？这都会是他戴斯蒙德的责任。

他醒悟到，做一个好榜样有多重要，事实上，他当时就已经想到这点了。这件事在戴斯蒙德往后的人生中产生了很大的影响，好几次在面临考验时，他都借此提醒自己要为他人立下好榜样。

戴斯蒙德常常想，在他成长过程中所发生的这些事对他之后做出的各种选择产生过多少影响？尤其是他从军后的种种选择。而母亲对他的影响更是深远——她引导他成为一位善良体贴、乐于助人的青年；成为一位立志做他人的好榜样，坚守正道，永不妥协的青年。

—— ★ ★ ★ ★ ★ ——

在这艘载满士兵的大型运兵船上，他能在甲板上做的事实在不多，感到疲倦后，戴斯蒙德又回到他的船舱了。

第 3 章

回忆（三）

运兵船驶离夏威夷几晚后，戴斯蒙德数次重返甲板上专属他的角落。他的思绪转了个方向，回想起自己生命中几次有惊无险的经历。

—— ★ ★ ★ ★ ★ ——

奉献

戴斯蒙德的母亲工作非常勤奋且相当敬业，深获鞋厂老板的肯定。

在林奇堡市搬了几次家后，道斯一家终于安定下来，向基督复临安息日会的教友范德格利先生买下了一间小房子；范德格利先生有好几个孩子，需要换大一点的房子。道斯家先付了定金，接下来要筹措每个月的分期付款。

"虽然每个月要缴的钱不多，"道斯太太提醒丈夫说，"但以目前的情况来看，你平常只是打零工，而我在工厂的工作也非全职，因此就算这个月的贷款不多，恐怕我们也缴不出来。"

"我当然希望范德格利先生能对我们宽容一点儿，但他自己也有家庭要养。"道斯先生低声说。

几天后，有人来敲道斯家的门。戴斯蒙德去开门，看到范德格利先生站在门口。戴斯蒙德知道家里付贷款有困难，范德格利先生这次来访，不知是为了什么事。不过他还是请范德格利先生进来了。

戴斯蒙德在厨房找到母亲："妈妈，范德格利先生来了。"

"噢，范德格利先生，您好您好！请坐！"母亲一边走进客厅，一边打招呼说。

"谢谢你，道斯太太！我来是想跟您商量贷款的事。"母亲心想，距离缴贷款的到期日还有两天，不知他来是要谈些什么。

"我听说你们最近手头比较紧，所以要凑足贷款给我似乎有困难，是真的吗？"范德格利先生客气地说。

"是的，范德格利先生，直到目前我们还没凑齐金额。"

"我提供给你们一个建议，你看这样好不好？这几个月你们就先付一半，等到手头不那么紧时再缴付余额。"范德格利先生问。

"范德格利先生，我之前一直在为这件事烦恼。"道斯太太很老实地说，"你要的一半房贷，我现在就可以给你。"道斯太太把钱交给了范德格利先生。

事情就这样说定后，范德格利先生起身告辞，留下快乐又感激的道斯一家人。小戴斯蒙德对这件事记忆深刻。

他记得后来家里的经济条件真的改善了，很快就付清剩下的余额，甚至还能多付一点儿，最后一笔尾款更在到期前一个月就付清了。

另一次也是如此，格林先生的杂货店允许顾客赊账，除非顾客欠款欠得太离谱，才不得不将他列为拒绝往来户。

戴斯蒙德记得，有天晚上，他们一家人去格林先生的杂货店买东西，顺便偿还部分积欠的账款。结账时，格林先生很和气地问："道斯太太，我发现你最近买的东西好像变少了，可以问你是什么原因吗？"

"嗯，格林先生，我们最近有时会去超市买东西，因为价钱比较便宜，这样我们才能有多余的钱来缴还欠您的账款——我知道我们欠您很多钱，"她不好意思地说，"真谢谢您愿意一直让我们赊账。"

"道斯太太，只要我这家店还开着，您的信用评价都会是'良好级'的。"格林先生笑着回答。戴斯蒙德知道有些顾客，包括他自己的亲戚，都不能再赊账了；他们家真的得到了特别的照顾。

妈妈自然是高兴得不得了！不只是因为她不需要再为欠款的事太过伤神，也因为格林先生这么信任她。

—— ★ ★ ★ ★ ★ ——

烟酒

接着，戴斯蒙德的思绪又转往另一个方向，他永远不会忘记爸爸喝醉那晚所发生的事。

那天，道斯一家去玛蒂姑姑及亚瑟姑丈家做客。当时孩子们聚在一起玩耍，而女士们开心地聊天，这时亚瑟姑丈拿出一瓶酒，和戴斯蒙德的父亲喝了起来。

之前，戴斯蒙德的母亲曾和丈夫约法三章，她说："托马斯，你知道我来自一个不喝酒的家庭，所以对于你喝酒这件事，我是无法接受的。我有三个孩子要养，我不许你在他们面前喝酒或把酒带回家。因此，你要么自行戒酒，要么就请你离开这个家。"戴斯蒙德的父亲知道自己的妻子说到做到，他很爱她及孩子们，所以决定戒酒。

在这之前，他一直都很节制，直到那晚见到亚瑟姑丈，他就把戒酒的誓言抛诸脑后，甚至几杯黄汤下肚后，两人已失去理智，眼看着他们就要打起来了。

没有人记得他们是为了何事起冲突，事后想必他们自己也一定想不起来了。戴斯蒙德他们在旁边看着，不知会发生什么事。这时，出乎道斯妈妈意料的是，道斯爸爸竟不知从哪里掏出一把手枪，且把枪口指向亚瑟姑丈。

"托马斯，住手！"戴斯蒙德的母亲吓得大叫。

尽管两个男人都喝醉了，但他们仍察觉到道斯妈妈挡在他们两人中间，他们当然也不想见到她受伤，两人因此僵持不下。这时，玛蒂姑姑脸色发白地跑去打电话叫警察。

"托马斯，把枪给我！警察就要来了，要是他们看到你手上拿着枪，你就有大麻烦了！"道斯太太伸手把枪快速抢过来，然后从两人中间抽身，随即把枪交给戴斯蒙德。"戴斯蒙德，快去把它藏起来，随便哪里都可以！"

戴斯蒙德急忙带着枪跑回家。他环视家里每个角落，心想要藏在哪里才不会被爸爸发现。

"啊，我想到了！可以把它藏在妈妈放钩针用品的大罐子里！"他把罐子里的钩针用品倒在桌上，把枪放到底部，然后再把那些钩针用品铺在上面。戴斯蒙德后来告诉了母亲他藏枪的地点，那把枪就一直放在那里，直到戴斯蒙德的母亲把它移到一个很少打开的抽屉底部。

把枪藏好后，戴斯蒙德重返姑姑家，正好见到警察把他爸爸带离姑姑家，强制押入那辆用来载酒醉者或嫌犯的"黑色玛丽亚"警车。爸爸在牢里待了一天，直到他清醒为止。他醒悟到，太太伯莎是对的：酒精碰不得！

这次事件让戴斯蒙德下定决心与烟酒划清界限，他亲眼见到烟酒是如何毒害人的，他的两位男性长辈就是死于烟害。对于这个决定，他从来没有后悔过。

戴斯蒙德终于觉得累了，转身返回他的铺位。他在床前跪下，静静地祷告了一会儿，然后钻进被窝里，很快进入梦乡。

第 4 章

回忆（四）

对戴斯蒙德来说，现在这个运兵船甲板上的小角落，仿佛就是他的家一样。在这个小天地里，他可以暂时脱离其他兵士的喧闹声，静静地想着他自己的事。

★ ★ ★ ★ ★

安息日

他想到了一件让他非常快乐的事情。

戴斯蒙德的父母刚认识时，母亲已经有读经的习惯，并决定成为一名基督复临安息日会（复临教会）的信徒，而父亲也逐渐对《圣经》产生兴趣，想知道她在读些什么。然而时值美国大萧条时期，工作难找，他明白，如果跟雇主要求安息日不工作，他找到工作的机会就更小了。

"如果我成为基督复临安息日会信徒的话，我们就会饿死。"这是他的借口。因此，多年来他一直不上教会，且继续抽烟——他知道信徒是不可以抽烟的。而那次发生在亚瑟姑丈家的事，才让他下定决心戒酒。

那件事发生后不久，道斯夫妇听说复临教会要在离林奇堡市约 12.5 公里的布尤纳维斯塔（Buena Vista）举办布道会，于是他们讨论是否要参加。

"我很想去。我们能不能至少参加这周五晚上的聚会？我听

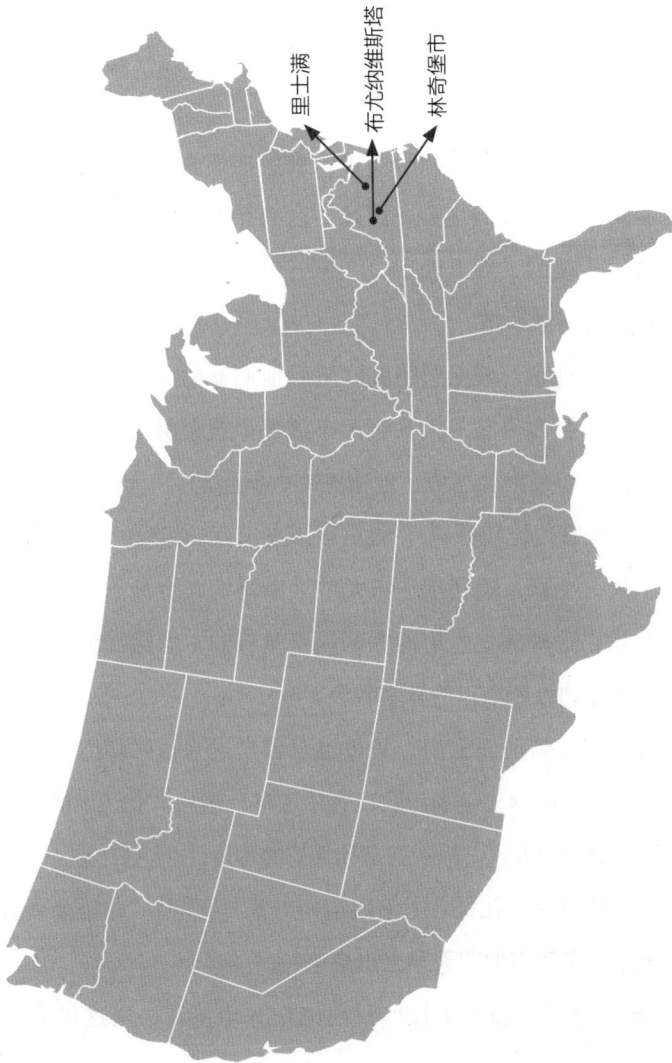

里士满
布尤纳维斯塔
林奇堡市

说莱斯特·孔长老（Elder Lester Coon）讲道讲得很好。"道斯太太说。

"听起来好像还不错！好啊，我们一起去。"她的丈夫也同意了。

奥黛莉、戴斯蒙德和哈罗德听到后都很高兴，他们很少有机会去林奇堡市以外的地方。因此，这消息对他们来说就等同于度假机会。于是到了周五晚上，一家五口挤进家里那辆旧车，快乐地前往布尤纳维斯塔。

想到那辆车，戴斯蒙德就联想到他们家的宠物——斗牛犬杰克。它总是努力将它的大头挤出车顶那个塑料材质的天窗。戴斯蒙德觉得，如果狗会思考，他猜杰克大概会想："这样好多了！空气清新，视野也比较好。"不过这回杰克没有一起来。

不久，一家人顺利抵达布尤纳维斯塔的大会地点。当时很多布道会是在那种满地木屑的大帐篷里举行的，但这次的布道会地点是在布尤纳维斯塔市的复临教会。

孩子们冲到前面去坐，父母也跟着坐过来，好就近照顾。聚会随即开始，听众先是唱诗歌、音乐敬拜，然后与孔长老同行的同工们热诚地欢迎大家，接着就是孔长老的讲道。

聚会结束时，孔长老上前跟道斯一家打招呼："非常高兴看到你们全家！希望你们明天早上也会来听。"

"不好意思，恐怕不行！我们住在林奇堡市，离这里有点儿远。"戴斯蒙德的父亲说。

"噢，那很容易解决！你们要不要住我家？内人和我都很欢迎你们来。"孔长老说。道斯夫妇看得出孔长老是诚心地邀请他们，但他们不想麻烦人家。

"谢谢你们的好意，但这样太麻烦你们了。"道斯太太说。

"一点儿都不麻烦，我们非常欢迎你们。"孔师母不知什么时候出现的，她笑着附和丈夫的提议。

于是，道斯一家就跟着孔长老全家一同回去了。来到孔长老家时，天色已经晚了，孩子们都累了，不过戴斯蒙德还记得，孔长老家有个很大的八角凸窗：中间一片大玻璃窗搭配两旁向屋内斜切的小玻璃窗。这种八角窗的窗台会形成一个独立的小空间，孔长老家在这个小空间设置了一个窗台座位，孔师母在上面铺了床垫给戴斯蒙德睡。他高兴地爬进被窝，转向窗子侧睡，结果他见到了一片令他终生难忘的美景——透过三片玻璃窗，他看到满天星星照耀在他的身上。

第二天早上，他们享用了一顿丰盛的早餐，然后一起去教会参加聚会。

晚餐后，道斯爸爸觉得该打道回府了，但三个孩子想留下来，他们都很喜欢听孔长老讲道，于是爸爸只好依了他们，又留下来过夜。

孔长老是个很有趣的人，充满了热情与活力，讲道内容也很精彩。道斯爸爸常说，孔长老是他所见过的最棒的讲道者，他总是穿着类似燕尾服的套装，外套有长长的尾摆，内搭平整的白衬衫，衣领上夹着尖状的领夹。他讲道时，如果会众因为吃太饱或会场太暖和而打起瞌睡，他会用力敲一下讲坛，发出"砰"的一声，问道："弟兄，你说是吗？"以这种方式把打瞌睡的人当场吓醒！

安息日的聚会结束后，道斯爸爸觉得该是回家的时候了，毕竟安息日只到周六的日落（安息日一般是指周六，但实际上应从周五的日落到周六的日落），并且他们习惯在周六晚上进城去进行每周一次的大采买。

"你们有什么物品是在布尤纳维斯塔市买不到，非得回林奇堡市才买得到的吗？"孔长老问道。

道斯夫妇想想也对，的确没有什么东西是在布尤纳维斯塔买不到的。于是，他们决定去杂货店采买完毕后继续参加布道会。

布尤纳维斯塔的特别布道会后不久，莱斯特·孔长老的兄弟，也是弗吉尼亚州教会的区会会长克林顿·孔（Clinton Coon）来到林奇堡市主持一系列布道会，道斯夫妇和孩子们也是场场出席。托马斯越来越渴望成为一名复临信徒，但在那之前，他跟"尼古丁先生"（香烟）还有一场硬仗要打。

有天晚上，道斯太太轻声问孩子们："你们有没有注意到，爸爸最近都没抽烟了？"

"真的吗？"

"真的！他已经超过三周没抽一根烟了。"

"妈妈，那真是太好了，我们都没注意到！"三个孩子异口同声道，然后跑向爸爸坐的安乐椅旁告诉他，他们有多高兴看到他不抽烟了。尽管爸爸没说什么，但他其实很高兴他们发现了。

布道会进入尾声时，孔长老为道斯爸爸举行了浸礼。

★ ★ ★ ★ ★
开始工作

戴斯蒙德完成了中学的学业，但读书非他所长，于是他决定开始工作。他在"林奇堡木材公司"找了份工作，但时薪仅有 8 分钱，而且很辛苦。他要帮忙把一车车的木材卸货，并将零碎的木头及木屑搬到火炉边，将它们点燃为机器提供动力，还要把一袋袋重达 45 公斤或 90 公斤的肥料搬下车。对于一个体重仅有 56 公斤的青少年来说，这可真是个粗活儿——何况每周的工时还长达 50 个小时。

所以每次晚上回到家时，他都已经累得没什么食欲，坐在沙发上就能睡着，直到妈妈叫他去床上睡。

戴斯蒙德的妈妈喜欢用各种方法鼓励孩子。她有一种鼓励戴斯蒙德的特别方法：每当有亲戚朋友来访时，妈妈会让他们注意戴斯蒙德的新行头，并告诉他们，戴斯蒙德现在的衣服或鞋子都是自己买的——但对于她帮忙付款的事则只字不提。

---- ★ ★ ★ ★ ★ ----

榜样

戴斯蒙德接着想到另一件事，这件事提醒他要特别注意自己的言行。

有一天在去埃拉阿姨家帮忙除草的路上，戴斯蒙德走到横跨街道的一座桥边时，看到桥上有一个人。他知道那人是个酒鬼，就想起母亲曾跟他说："要提防爱喝酒的人，不要相信他们。"

"老兄，你有火柴吗？我需要点烟。"那人看到他，便跑到他面前说。

"抱歉！我没有火柴，我不抽烟。"戴斯蒙德答道。

"我知道你不抽烟。"那人说。

戴斯蒙德表示自己现在要去阿姨家帮忙，没空与他讲话。出乎戴斯蒙德的意料，对方说："我知道她住在哪里，我也知道你是复临教会的教友、你的教会在哪里、你在哪里工作，还知道你不碰枪。"

那个人对戴斯蒙德的了解似乎超出戴斯蒙德对自己了解的程度。他不禁想到，要是连一个素未谋面、终日烂醉的酒鬼都清楚他的日常作息，那么，不知道有多少人正看着他的一言一行。所以，他真的要注意自己的所作所为了。

—— ★ ★ ★ ★ ★ ——

这艘大运兵船已经驶离夏威夷好几天了。"它应该很快就会抵达目的地了吧！"戴斯蒙德想着。他不确定自己是庆幸终于可以脱离随浪颠簸的日子，还是宁愿一直这样待在船上。

战争，是什么样子呢？

第 5 章

回忆（五）

船已经离开夏威夷好几天了。戴斯蒙德知道，基于安全考虑，船有时会迂回前进。他们也会随时注意是否有日军的船只、潜艇或飞机在附近出现。

有一次，戴斯蒙德待在甲板下方的船舱时，听到船下方传来像是东西被撕裂的巨大声响，不知道发生了什么事，于是他上到甲板去问。

"你没看见吗？"其他士兵回答，"有枚鱼雷朝着我们的船冲过来，但就在快碰到船的时候突然转向，往船的底部冲过去。"

那晚，他在甲板上的小天地坐了下来。太平洋上的怡人天气使他再次沉浸在美好的回忆中。

—— ★★★★★ ——

吃素

戴斯蒙德的祖母养了几只马尔他猫，她觉得马尔他猫是全世界最优良的品种，然而附近的公猫常常会跑来串门子，于是一只只混血小猫诞生了。

每当戴斯蒙德的爸爸从隔壁看到有公猫靠近时，就会从窗户开枪射杀它们。祖母担心他会不小心打中她的猫，然而这些公猫似乎有种趋吉避凶的本能，只要窗户一推开，它们就会自动跑到屋子的下方。

"戴斯蒙德！"祖母有一天对他说，"这里有 7 只混血小猫，你帮我把它们带到河边淹死，我付你一只一分钱。"

戴斯蒙德拎着一纸袋的小猫走到河边，将小猫全都倒进河里。他看着小猫们在河里载浮载沉，等到他后悔想要救它们时，为时已晚。他非常难过，不记得后来有没有拿那 7 分钱，但从那天以后，不论祖母给他多少钱，他再也不愿淹死任何一只小猫了。

想到动物，他想起当初为何决定吃素。除了猫，祖母也养鸡，有时她会到养鸡的院子抓住其中一只鸡，把它的脖子扭断，然后洗干净拿去煮，为晚餐加菜。戴斯蒙德很喜欢吃鸡肉，直到有一天……

"戴斯蒙德，你去杀只鸡吧！作为我们的晚餐。"祖母说。

"奶奶，我吗？可是我不想杀死鸡……"戴斯蒙德的声音微微地颤抖着。

"你不是爱吃鸡肉吗？你既然敢吃，就应该敢杀呀！"他想到只为了满足他的口腹之欲，那些可怜的鸡在脖子被扭断后，是怎么痛苦地挣扎、抽搐着。

"奶奶，那我以后都不吃鸡肉了！"他真的说到做到。

事隔不久，戴斯蒙德结识了一位在林奇堡市"肯尼迪屠宰场"工作的年轻人。"李诺，我很希望有一天能有机会去看看你工作的屠宰场。"戴斯蒙德好奇地说。

"好，来呀！要不要就约明天下午？明天下午我不上班，我可以带你参观我们工厂。"李诺提出邀请，于是戴斯蒙德依约前往参观。

后来讲起这件事，戴斯蒙德说，当时真是被他所见的景象吓坏了。有些牛瘦得皮包骨，看起来病恹恹的，有只牛甚至断了一条腿，但仍躲不过跟着其他同类被赶去屠宰的命运，而猪的待遇就更悲惨了，他为这些可怜的动物感到非常难过。

"不管它们是否健康，我们都会把肉从骨头上割下来。啊！对了，要是它们身上有疮，要先把疮切掉，然后再把这些肉割下来绞碎，做成汉堡肉。"李诺解释道。

戴斯蒙德其实是爱吃汉堡的，他想到母亲会做肉饼，在上面淋上肉酱汁——噢，那可真是美味好吃！但那次参观屠宰场的经验使他对汉堡胃口尽失，他从此决定吃素。

—— ★★★★★ ——

海上的天使

戴斯蒙德想起另一次奇特的经历。

"我的球！戴斯蒙德叔叔，你看到我的球了吗？可以帮我捡回来吗？"5岁的罗尼用恳求的眼光看着戴斯蒙德。

那天，罗尼和戴斯蒙德一家到大西洋海边玩，当时罗尼在岸边玩着他红黄白相间的新海滩球，一不小心，球被海水卷走了。

那时 18 岁的戴斯蒙德尽管不是游泳健将，但至少还会游泳，而球也没有漂得太远。于是他跳入海里，往那颗大球游去，尽管他奋力挺进，但他的手就是够不着那颗恼人的球。

后来，他决定休息一下，只打水以保持在水面上漂浮。他环顾四周，吓了一大跳——没想到自己已经离岸边那么远了！他突然想到了原因——现在正是退潮的时间，所以他才永远离球只差那么一点点，却一下子就离岸边那么远。

"现在该怎么办？"他喃喃自语。逆着潮水往回游是不可能的，何况他已渐渐体力不支！唯一的希望是抓住那颗球，当作救命的浮板，但问题是他够不到球！

他再次环顾四周，那颗球比先前又离他远了点儿，不过，他发现前方不远处出现了一个先前没看到的东西——一艘船。

那只是一艘有着马达动力的小船，上面有两个人，他们似乎正在收网，准备前往更远的外海去试试运气。当时的浪不高，但有时仍会挡住他的视线，使他无法看到那艘船，因此那两个人即使是在面对他的方向，也未必能看到他。

"救命啊！"他呼喊着，然而马达的声音盖过了他的求救声，那两个人完全没注意到他，但就在船准备驶离的时候，他们看到了那颗球并把船开向它，然后把球从海里捡起来。

"嘿！你看，那里有一个人！"其中一人说。很快，船就开到了戴斯蒙德旁边。"来，我把你拉上来。幸好我们看到你，你需要帮助。"戴斯蒙德当然求之不得。

回程中，三人并无太多交谈，因为引擎太吵了，他们很快就回到离岸不远的地方。

"从这边走回去，你没问题吧？"其中一人问。

"没问题！真是非常感谢你们！"戴斯蒙德边说边拿起他的球，跨越船身，踩过浅水，走上陆地。他想回头跟两人挥手表达谢意，却发现那两个人已经走远了！

———— ★ ★ ★ ★ ★ ————

造船厂

戴斯蒙德想回忆的往事依稀犹存，但可以回忆的时间已经不多了。尽管他仍不知道运兵船的地理位置在哪里，但他猜想他们的船应该快要在某处靠岸了。

记得在林奇堡市的木材公司工作一年后，他到市政府工作了一阵子。他记得某天特别冷，他和同事们生了火堆，但没多大用处，因为实在是太冷了。当时戴斯蒙德他们正在挖一个沟渠，他的十字镐不小心滑落到结冰的沟渠里，打中自己的脚。他直到回家后才发现，十字镐竟穿透了鞋子，并刺进他的脚里。因为天气太冷，脚冷到麻木了，被刺中也不觉得痛，也因为温度很低，脚甚至都没流血！

他从军前的最后一个工作是在弗吉尼亚州纽波特纽斯（Newport News）的造船厂。第二次世界大战爆发前，这家造船厂就已经在打造军船了，或把普通舰船改造成战舰，随时准备提供给军方使用（该造船公司在第二次世界大战前后为美国打造了 9 艘航空母舰）。

这些待改造的舰船中有一些原先是豪华客轮，戴斯蒙德还记得，它们华丽的内部装饰（地毯、房间装潢等）都必须整个移除或打掉，只剩下光秃秃的地板和厢房，以便腾出空间容纳士兵们的帆布床，让每个人都可以分配到一块狭小的空间。

他想起自己在造船厂工作时，曾经处理过几艘著名的舰船。他曾改装过美国最大的豪华客轮"美利坚号"（America）两次。第一次他们把豪华的装潢全数拆除，结果两个月后这艘船又送回来进行另一次改造。这次他们把整个甲板区打掉，为的是设置更多的铺位，以容纳更多士兵。

有几次他恰巧看到"大黄蜂号"（US Hornet）被改造成航空母舰的过程。那时戴斯蒙德住在哈利·葛瑞长老家，葛瑞长老有两个儿子是"大黄蜂号"上的电气技师。戴斯蒙德当时在改装的"印第安纳号"上，但他每天去"印第安纳号"场区的路上，都会经过"大黄蜂号"的改造区。

"我想看看你在处理的那艘大船。"他有一天跟吉姆·葛瑞说。

"来呀！我可以带你去参观。"吉姆邀请他。

戴斯蒙德觉得在上班时间去参观别的船好像不太适合，因此他没去，但后来却有点后悔。

看到"大黄蜂号"在进行改造时，他并不知道这艘船将来会被用来载运1943年东京大轰炸的战斗机。执行轰炸任务的是由吉米·杜立德（Jimmy Dolittle）率领的一队勇士。后来，杜立德因为在那次行动中领导有方、勇敢无畏而获颁国会荣誉勋章；因为"杜立德"和"道斯"的姓氏都是字母D，所以戴斯蒙德后来在出席一些军方活动时，常有机会跟杜立德坐在一起。

———— ★ ★ ★ ★ ★ ————

※ 时至1944年夏天，戴斯蒙德已入伍约两年半，快要面临他人生第一次的海外战役。本书接下来的章节将开始述说他在美军服役的经历。

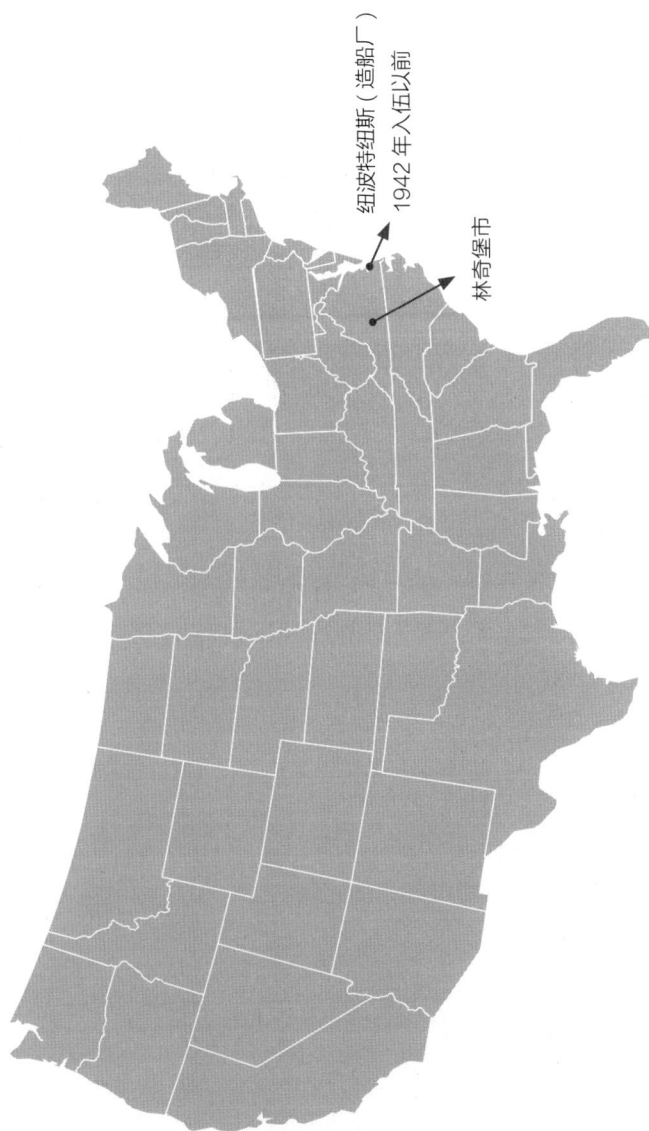

纽波特纽斯（造船厂）
1942 年入伍以前

林奇堡市

第 6 章

战事爆发

"戴斯蒙德，你这个周末有空陪我去纽约一趟吗？"友人罗伯特·泰勒问道。

"嗯，可以呀！有什么事吗？"戴斯蒙德好奇地问。

"我很久没去看我爸妈了，可是我的车子太老旧，我怕它无法开那么远。你的车很好，要是你肯载我一程，我愿意付你油钱并分担一些其他费用。你看怎么样？"泰勒建议说。

"好啊！那我们何时出发？"戴斯蒙德问。

"周五去，周日回来。"罗伯特说。

那时美国政府正在征召年轻男性入伍服役一年，罗伯特是其中之一，他只剩一个月就将服役期满。

由于要到下班后才能出发，所以他们准备前往纽约时，已接近傍晚了。途中有个地方的道路是双线道，但因为那时天色昏暗，光线不清，戴斯蒙德根本看不清楚前方的路况。

"嘿！"他对罗伯特说，"前方有辆小型巴士，我们可以跟着它走。"那辆小巴士的车灯很亮，但也开得很快，戴斯蒙德勉强跟上了。但等到周日回程行经这条路时，他们才发现那条路其实是一条狭窄的山路，路肩更是窄到只有一点点空间。

周日稍早，戴斯蒙德和罗伯特准备向罗伯特的双亲告辞。"爸，妈，谢谢你们。这两天过得真是太棒了！"罗伯特边说边把东西打包上车。"妈妈煮的菜真好吃啊！"他补充了一句。

"嗯，见到你们真的很开心，"戴斯蒙德附和道，"谢谢伯父伯

入伍前的戴斯蒙德

刚入伍时的戴斯蒙德

母的招待。"

很快，他们的车子开上了高速公路。尽管是寒冷的 12 月，但车内温暖舒适。突然，收音机里的音乐停了。静默片刻后，收音机里传来一个令人惊讶的广播："日本轰炸夏威夷珍珠港，美国决定参战！任何现在不在所属营区的军职人员，请速回营区报到！重复一次：美国已正式向日本宣战！"（日军于 1941 年 12 月 7 日突袭珍珠港，重创美国海军和空军；这次的军事攻击对第二次世界大战的结果有着重大影响。）

罗伯特和戴斯蒙德对望着，两人脸上尽是难以置信的神色。过了好一会儿，他们才开始明白这段广播意味了什么。

"我本来以为一个月后就可以退伍，这下子计划大概要泡汤了……"罗伯特的声音颤抖着，"我可能在战争结束前都无法离开军营了！不知道这场战争要打多久？"

"谁知道？我可能也快要去从军了。"戴斯蒙德说。

戴斯蒙德当时尚未被征召入伍，一方面是因为他抽到的号码排序很靠后（美国征兵制度中，包括用抽签来决定谁要被优先征召的方式。抽中的数字越大，入伍排序就越靠后）；另一方面是因为他在造船厂工作，造船业在美国政府的国防政策中被视作国防的后备基础产业。

那是 1941 年 12 月 7 日的下午，两个大男孩开着车，但他们的脑海里想的却是茫然不可知的未来。

回程途中，他们遇到三次警察临检；因为罗伯特身着军装，警察想知道两人要去哪里。罗伯特向他们解释两人刚从纽约回来，准备回营区报到，警察就挥手让他们离开了。

戴斯蒙德边开车边回想，就在前阵子，他依照满 18 岁男性必须向征兵委员会报到的规定，前去该处报到。他是由教会里的伍德长老陪同前往的，他们先在大厅等待，然后一位委员会的官员叫他们进去。

房间里有四五位委员会官员坐着，他们先问了戴斯蒙德的姓名和地址，接着要决定他的服役类别。

"我希望能登记为非战斗人员。"戴斯蒙德直接表示。

"孩子，军中的编制没有这一项。"一位官员答道。

"长官，向您报告！"戴斯蒙德说（他还记得要称对方为"长官"），"我是基督复临安息日会的教友，周六是安息日，我们不能从事平常的工作，但可以照顾受伤或生病的人。"

"那跟成为非战斗人员有什么关系？"另一位官员问。

"嗯，因为我们遵守十诫中的每一条，十诫中有一条是'不可杀人'，因此我们不认同拿枪杀敌的行为。"戴斯蒙德肯定地答道。在一旁聆听的伍德长老点点头，对他的答复表示满意和嘉许。

"要是世上每个人都有跟你一样的想法，那仗还要打吗？"官员一脸不解地问。

"要是他们也能这样想，就不会有战争了！"戴斯蒙德回答，"长官，去打仗的人难免会受伤，我希望有机会照料他们。"

"好吧！戴斯蒙德，那你的服役类别登记为'因良知而拒服兵役'。"另一位长官提议。

"但是，长官，我不是'因良知而拒服兵役'！"戴斯蒙德脑海里浮现出他对"因良知而拒服兵役"者的印象：那些人和政府抗争，不向国旗敬礼，不穿军服——总之，只要与战争有关的事，他们都一律划清界限。戴斯蒙德不希望被视为他们的同类。

"哎呀，孩子啊！要是你以 1A（普通陆军士兵）的身份入伍，却又要守安息日、不拿枪，我敢说你不久就会遭到军法审判的；但若是你有 1AO 的身份（O 代表'良知'，1AO 就是有良知的普通士兵），那军方就不能以军法审判你，他们也不能拿你怎么样。所以你看，选择 1AO 对你是最有利的办法。"那位官员耐心地解释。

"登记为'因良知而拒服兵役'，不代表你不为国家服务；它只代表你虽同意入伍，但因宗教因素而不参与某些活动。"他又补充道。

戴斯蒙德看着伍德长老，伍德长老也看着他。"戴斯蒙德，我觉得你是不是就照着这位长官所建议的，以 1AO 的身份入伍？除此以外，你好像也没有什么其他的选择了。"伍德长老想了一下据实地说。

戴斯蒙德一想起先前与征兵委员会长官之间的对话，便相信自己很快就会被征召入伍。到那时将会是怎样的状况呢？

他猜对了，很快！就在 4 月 1 日，军方的"问候"通知函就出现在他家的信箱里——戴斯蒙德被征召加入美国陆军。这不是愚人节的玩笑。

第 7 章

多萝西

时间回溯到 1920 年。佛莱德·舒特和太太艾希当时住在科罗拉多州。佛莱德在第一次世界大战时曾被毒气所伤，终身残疾。艾希怀了两人的第一个孩子，满心期待。

但她在怀孕期，身体不是很舒服，于是佛莱德请了一位住在附近的妇人来帮忙做一些煮饭、打扫之类的家务事。贝蒂（我们姑且这样称呼她）是基督复临安息日会的教友。这也对艾希产生了一定的影响。

不久，舒特夫妇决定搬到弗吉尼亚州的里士满，因为他们的大部分亲人都住在那边。但车开到半途，却不得不在费城停下来，因为他们的长女在途中出生了。他们给她取名为多萝西·宝琳（Dorothy Pauline）。

多年之后，多萝西告诉戴斯蒙德，她的家庭不是个幸福的家庭。其中一个原因是佛莱德不满太太想要参加一个他从小到大都没接触过的教会。

"我不想看到你一天到晚抱着那本老书不放。"有一天，他愤怒地说，说着说着就把《圣经》从她手中抢下来，扔进厨房的火炉中。

这件事发生在多萝西出生后好些年，那时她的六个弟妹也陆续出生，而她的父亲染上酒瘾，成了个酒鬼。酒精让他凶性大发，佛莱德曾多次在酒后对太太及孩子动粗。

他常从附近的商店买酒和朋友一起买醉，回家后就开始打孩子。多萝西有一次哭着向爸爸抗议："爸爸，你为什么打我？我又没有做错什么事！"

"你之前有几次做错事，该打却没被我打到。"他冷漠地说。

佛莱德似乎特别喜欢对最大的两个孩子发怒，因此多萝西和托马斯只要看到爸爸回家，就会躲起来。多萝西15岁那年，父亲过世，原因可能是他身体状况不佳又酗酒。多萝西后来说，这件事对他们家来说简直就像是由地狱进入天堂。父亲死后，舒特妈妈也开始安排孩子们进入教堂后面的学校就读。

但已念完八年级的多萝西，打算申请仙纳度谷学院（Shenandoah Valley Academy），那是一间寄宿高中，于是她找母亲商量。

"妈，我真的很希望去那里就读，跟其他女生一起住宿舍应该也很好玩。"多萝西说。

"可是多萝西，我们付得起学费吗？学费不便宜。"母亲指出她的担心之处。

"妈，我可以打工。那里学生打工的机会很多，我可以在厨房里帮忙准备餐点或洗碗——这些事我是老手了，或是在洗衣房工作，除草，等等，我也可以在办公室里帮忙，要是我的能力够的话。那里有一些其他产业，提供学生打工赚取学费的机会。我会尽可能把握每一个打工的机会，这样我就可以自己负担大部分的学费。"

"好吧！多萝西，那你就去了解一下这所学校。你可以写信给学校，进一步询问那里的状况，请他们提供入学申请的表格。"母亲建议道。于是多萝西后来进入仙纳度谷学院就读，她很快就爱上了那里的校园生活。

仙纳度谷学院的学生赚外快还有另一个渠道，就是在暑假时销售宗教书籍及杂志。有一天多萝西跟室友聊天："玛丽，我们为什么不在今年暑假去卖杂志？这样明年的学费就有着落了。"多萝西建议。

"好啊，赞成！如果你要去卖的话，我就跟你一起去。搞不好我们可以赚足明年一整年的学费呢！"玛丽兴奋地回应着。

两个女生或许觉得没必要那么拼命打工，但要成就任何伟大的事，不都是要先做梦吗？于是，在管理学生打工事务的负责人的支持与协助下，她们开始筹划挨家挨户卖杂志的事，她们被指定的销售地点为弗吉尼亚州的林奇堡市。戴斯蒙德就是在林奇堡市的教会遇到多萝西的。

戴斯蒙德当时在市政府工作，住在家里。他们家的习惯是这样的：下午谁最先到家，谁就负责准备晚餐。当时姐姐奥黛莉已结婚离家，而哈罗德对煮饭没兴趣，因此掌厨的任务主要由戴斯蒙德和母亲负责。

某个下午，戴斯蒙德先到家，于是他开始准备晚餐。晚餐照例有一锅白腰豆，于是他把豆子倒进一个很大的平底锅，以水淹

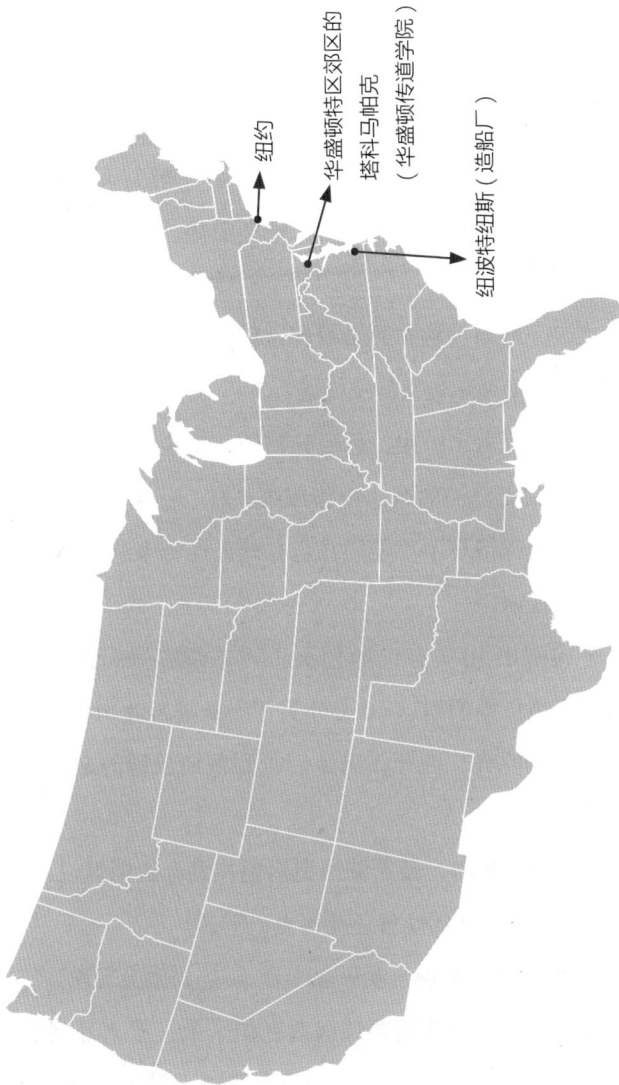

纽约

华盛顿特区郊区的

塔科马帕克
（华盛顿传道学院）

纽波特纽斯（造船厂）

过豆子，然后放到炉子上去煮。他又切了些蔬菜，做了一锅美味的炖蔬菜。豆子和蔬菜摆在餐桌上，色香味俱全，他对这顿晚餐感到很满意。

"妈，明天晚上我们请多萝西和玛丽——就是今年夏天在林奇堡市卖杂志的两位女生来我们家吃饭，好不好？大家应该会很开心。"戴斯蒙德问道。"当然好啊！戴斯蒙德。"好客的道斯太太笑着同意了。

第二天，戴斯蒙德在教会看到她们两人，就问："多萝西，你和玛丽今天晚上要不要来我家吃饭？"

两个女孩互看了一眼，然后异口同声地说："好啊！"戴斯蒙德不知道，其实她们的杂志销售成绩不佳，过着有一顿没一顿的日子，两个人都饿坏了！她们甚至有一天连一本杂志都没卖出去，完全没钱买食物。

有个人掏出10美分向她们买了一本杂志——因为她们告诉他：她们好饿！她们用这10美分买了一条隔夜吐司以及100多克的奶油，当场吃光！因此，当她们听到戴斯蒙德的邀约时，简直求之不得。

两个女孩抵达时，戴斯蒙德把妈妈拉到一边悄悄说："妈，帮我招呼一下她们，我的晚餐还要再煮一下。"

"没问题，戴斯蒙德，我乐意配合。"妈妈微笑着说。

戴斯蒙德把豆子和蔬菜炖锅放在炉子上，把火开到最大，好让它能快点煮熟，然后他拿出一些饼干，切了几片面包，以及其他几样准备上桌的食物。

"咦，什么味道？天哪，是豆子！"戴斯蒙德连忙把豆子从炉火上移开，但豆子已经烧干了，而且冒出一股焦味。他只好把大部分豆子倒进另一个锅里，然后加了一点水，再把锅子放回火炉上，但这次开的小火。他把焦掉的豆子舀到另一个碗里，留着等一下自己吃。

正当他以为事情已经搞定时，焦味又扑鼻而来。这次是……炖菜！他匆忙把锅子移开，把刚刚的动作重复一遍。现在已经来不及再准备其他菜，而且道斯家向来是不浪费食物的。他尝了一口炖菜，觉得虽然有点烧焦味，但还不至于难以下咽，于是招呼大家开饭。

事隔多年，戴斯蒙德跟多萝西讲到那顿晚餐，还有烧焦豆子以及炖锅的事，两人都笑翻了。多萝西说："我们饿得头昏眼花，根本没吃出豆子有焦味。"

后来，多萝西和玛丽返回她们所爱的仙纳度谷学院就读，而戴斯蒙德也有他的事要忙。三四年就这样过去了，戴斯蒙德后来来到纽波特纽斯的造船厂工作。

有一天，在教会里，戴斯蒙德碰到了海德布兰敦太太，戴斯蒙德知道当年女学生们销售杂志的事是由她负责的。

"海德布兰敦太太，请问您知不知道多萝西·舒特现在在哪里？我很久没跟她联系了，不知道她后来去了哪里。"戴斯蒙德打听道。

"我当然知道啊！戴斯蒙德。"她说，"多萝西从仙纳度谷学院毕业后，去了华盛顿传道学院，学校位于华盛顿特区郊区的塔科马帕克。基督复临安息日会的全球总会、评阅宣报出版社以及华盛顿疗养院也都坐落在那个地区。"

对戴斯蒙德来说，这就够了。一周后，他就跑到了华盛顿特区，希望能见到多萝西。该区有三间复临教会，分别是银泉市的大教会、医院附设教会以及华盛顿传道学院校园内的教会。他觉得多萝西可能会去学校的教会聚会，于是就去了那里。

他在教会门口站了一阵子，试着找到多萝西跟同学一起走进来，但她没有出现。不过戴斯蒙德仍悄悄地走进去坐下，和其他会众一同聚会，心想也许待会儿就能看到她。他在后排一坐定，立即发现多萝西就坐在他前排的位子上。

他拍拍她的肩膀。多萝西回过头来，一脸惊讶。他想低声跟她说几句话，但她知道这里的规矩，向他示意："嘘，我们等一下再讲。"

聚会结束后，他终于有机会跟多萝西讲话了。

"真高兴见到你，多萝西。我们上次见面已经是很久以前的事了，我记得好像是在林奇堡市吧！"

"我也很高兴见到你，戴斯蒙德！对，是在林奇堡市，感觉是很久以前的事了。"多萝西回应道。

"我们晚上一起吃个饭好吗？"戴斯蒙德好不容易找到多萝西，不想又让她轻易离开。

"米勒家邀我一起吃晚饭，所以可能不行喔……"她越说越小声。这时，米勒家的人来到两人身边，要接她回家共进晚餐。

戴斯蒙德把握机会，赶紧向他们表明来意："我今天是特地来找多萝西的，她不知道我要来，不过我想要带她去吃晚餐。"

"噢，当然没问题啊！多萝西，你们去吧，你可以改天再来我们家。"米勒家的人上了车，留下戴斯蒙德和多萝西两个人。

"嗯，多萝西，你对这里比我熟。你有推荐的餐厅吗？"

"有两个地方不错，一个是学校的自助餐厅，另一个是医院的附设餐厅。"多萝西回答。

"你想去哪边？"戴斯蒙德问。

"我比较常去学校的自助餐厅。"她说。

多萝西想到学校的规定：男女学生如果是男女朋友的关系，就不可以在自助餐厅一起吃饭（以现代的眼光来看，这真是相当落伍）；她只希望认识的人如果看到了，会以为戴斯蒙德是她的表哥或堂哥之类。不过说到底，她告诉自己，戴斯蒙德反正也不是她的男朋友，他们只是认识，彼此好久没联络了。

戴斯蒙德和多萝西就在学校自助餐厅共进晚餐，饭后，他们发现了一处两人可以聊天的地方。

"多萝西，你在学校修哪些课？"戴斯蒙德问。

"我现在正在修基础护理，希望明年可以修正式护理课程。你呢？你在做什么？"她问。

"我在弗吉尼亚州纽波特纽斯的造船厂工作。我的工作类似木匠，不过我们主要修理大船的内部，因此即使雨天也能工作。"戴斯蒙德答道。

两人热络地交换近况，度过了一个快乐的午后。戴斯蒙德知道他得走了，待会儿还要开约 320 公里的车回去。"我可以再来看你吗？"戴斯蒙德注视着多萝西的脸。

"好啊，如果你愿意的话。我今天很开心呢！"她微笑着回答。从那天起，戴斯蒙德就开始了一个周末去探视林奇堡市的双亲，另一个周末去华盛顿传道学院看多萝西的固定行程——他发现自己比较喜欢后者的周末时光。

随着戴斯蒙德和多萝西的友情日渐增长，两人开始和另一对情侣同时约会。"这次要不要换你来开我的车，多萝西和我坐后面？"戴斯蒙德向朋友建议。

"对我来说并没有什么差别，我应该还不至于把你的老车搞坏。"朋友开玩笑地说。

戴斯蒙德真的没有预谋，但现在多萝西就坐在他身旁，而且这么近！他弯身过去，亲了她的脸颊一下，接下来发生的事完全出乎他的意料——多萝西转过身，差点打他一巴掌！

"戴斯蒙德，不要！你亲我是什么意思？这是我第一次被男生亲吻，可是我没说要让你亲，你没经过我的允许就亲我！"戴斯蒙德看得出她是真的很生气。

"我怕——要是我问你，"他温柔地说，"你就不让我亲了。可是多萝西，我亲你是因为我真的很喜欢你，如果不是很喜欢你，我怎么会每周来回开车 640 公里来看你？"

"我想也是。"多萝西答道，脸上浮现惊喜快乐的光芒。从那时起，两人的感情持续升温，戴斯蒙德和多萝西只要有机会，就尽量找时间相聚。

1941 年 12 月 7 日那天晚上，戴斯蒙德和罗伯特·泰勒从纽约开车返回纽波特纽斯时，他很自然地想中途在多萝西那边停留一下，告诉她有关战事爆发的事。

于是，泰勒就先下车在附近晃晃，而戴斯蒙德去多萝西大学时打工换取食宿的住家找她。那时她正要预习第二天的课程，雇主到她的房门口说有访客，却故意不说是戴斯蒙德，多萝西心里纳闷，不知会是谁来找她，因为她知道戴斯蒙德这周不会来。当她看见是戴斯蒙德时，开心得尖叫出来，但她立即察觉到戴斯蒙德是怀着严肃的心情要来告诉她某件事的。

"多萝西，你知道发生大事了吗？"戴斯蒙德不安地问。

"什么大事？"她回答，眼神登时浮现恐惧。

"日本轰炸了珍珠港，美国已向日本宣战！"他解释道。

"我还不知道这个消息。戴斯蒙德，这是不是代表你得去打仗了？"她又问。

"我想是的！"戴斯蒙德说，"我一定在被征召的名单中。"他们又讲了几分钟的话。戴斯蒙德知道他得走了，返家的路途还有很长的一段车程。他拥着多萝西，与她吻别——这次她没有抗议。

第 8 章

你现在是军人了

戴斯蒙德知道他很快就会被征召入伍，但在等待入伍令的同时，他仍在造船厂工作。"戴斯蒙德，你知道你大概什么时候会入伍吗？"造船厂的老板问他。

"我不知道确切的时间，"戴斯蒙德回答，"但应该很快了，因为快轮到我的入伍号码了。"

"我跟你说，你是在国防工业工作，我们可以想办法以此为由，为你申请缓征，"老板建议，"我觉得你可以试试看。我们很多员工都被征召，工厂人力都不够了。"

"嗯，谢谢你的提议，但我觉得我不该申请缓征。我很健康，不像有些人要担心身体方面的问题，而且我也不觉得我比那些和我同样领 21 美元月薪的人优秀，认为造船厂少了我就不行。谢谢你的好意，但我觉得我还是应该服役。"戴斯蒙德答道。

"那就随你的便了，我只是觉得应该建议你一下。"老板说完就去忙别的事了。入伍的事已定，戴斯蒙德觉得，另一件事也该做个决定了。

他再次来到华盛顿特区，和多萝西共度了一个美好的安息日。周日下午，多萝西忙完雇主家的事后，戴斯蒙德趁着返回家前的空档载她去公园走走。

"他们有再通知你关于入伍的时间吗？"多萝西问。

"现在还不确定，"戴斯蒙德说，"我跟你说过造船厂老板想为我申请缓征的事吧？"

"说过，我很赞赏你的态度——尽管不入伍对你来说可以避免很多麻烦事。"多萝西说。

戴斯蒙德把车停在一条美丽的小溪旁，他们曾在此度过许多快乐的时光。他挨近多萝西，用手臂环绕她的肩膀，将她搂得紧紧的："多萝西，我很爱你，希望你能成为我的妻子。你愿意吗？"

"我也爱你，戴斯蒙德。这世上我最渴望的事，就是成为你的妻子。"多萝西欣然接受。两人情话绵绵，多萝西也不再抗拒她所爱的男人的吻。然而，这是战争时期，即使想结婚的情侣，在计划他们的未来时也不得不把战争这个因素考虑进去。

"戴斯蒙德，有些问题我们必须要面对！"当他们两个讨论全局时，多萝西说，"首先是我希望 9 月去护理学院，但他们不会接受我的已婚身份。我的意思是说，他们当然不可能阻止我结婚，但如果我结婚了，他们就不会让我入学，因为他们认为学生最好是单身，而我真的很想成为一名护士。"

"亲爱的，我知道这是你的梦想，我一定会成全你。除了这个以外，还有另一个问题，那就是我入伍后，若被派驻海外，你就得一个人生活。要是那时我们有了孩子怎么办？"戴斯蒙德问。

"我也一直在想这件事，戴斯蒙德。我如果有了孩子，会希望当全职妈妈，但是当我们有了孩子而你被派到海外，留下我一个人时，我就得工作。"她的声音哽咽了，"更糟糕的情况是，要是我们有了孩子，而你却没有回来，我怎能一个人抚养孩子？"

他们越讨论就越认识到一件事：他们如果彼此相爱，希望共
组家庭，最好等战争结束后再结婚。他们知道很多情侣也会做出
同样的决定，这是战争很现实的一面。

★ ★ ★ ★ ★

新兵报到

1942 年 4 月 1 日，美军军区正在办理新兵报到。"叫什么名
字？"报到处的军官问道。

"道斯！戴斯蒙德·道斯！"新兵大声答道。

"你是林奇堡市本地人？"军官边查看戴斯蒙德的资料边问。

"是的，长官。"戴斯蒙德说。

"好，道斯。到那群人那里集合，你们等一下要前往李营区
（Camp Lee）。"

没多久，新兵们就搭上了前往李营区的火车。戴斯蒙德发现
他们大部分看起来都是十七八岁的大孩子（戴斯蒙德此时是 23
岁），每个人看起来都很紧张。戴斯蒙德觉得，他要考虑的事情大
概比其他人多一点儿。

他往后靠，想放松一下，却闻到一股难闻的烟味，伴随着威
士忌和啤酒的味道扑鼻而来。这些被征召来的人到了李营区才会
正式宣誓入伍，在这之前都还不具有士兵身份，因此正把握最后

俄克拉何马州劳登市的
锡尔堡军营 1942 年 9 月 10 日

西弗吉尼亚州
艾金斯

吴夕法尼亚州的印第安
人镇军事峡谷保留地

里士满

1942 年 8 月 17 日结婚

李营区
1942 年 4 月 1 日入伍

弗吉尼亚州皮克特基地

哥伦比亚教会

南卡罗来纳州杰克森基地

1941-1943 年

路易斯安那州

加利福尼亚州
奥克兰市

亚利桑那州的沙漠军营
1943 年 4-9 月

凤凰市

巴克艾教会

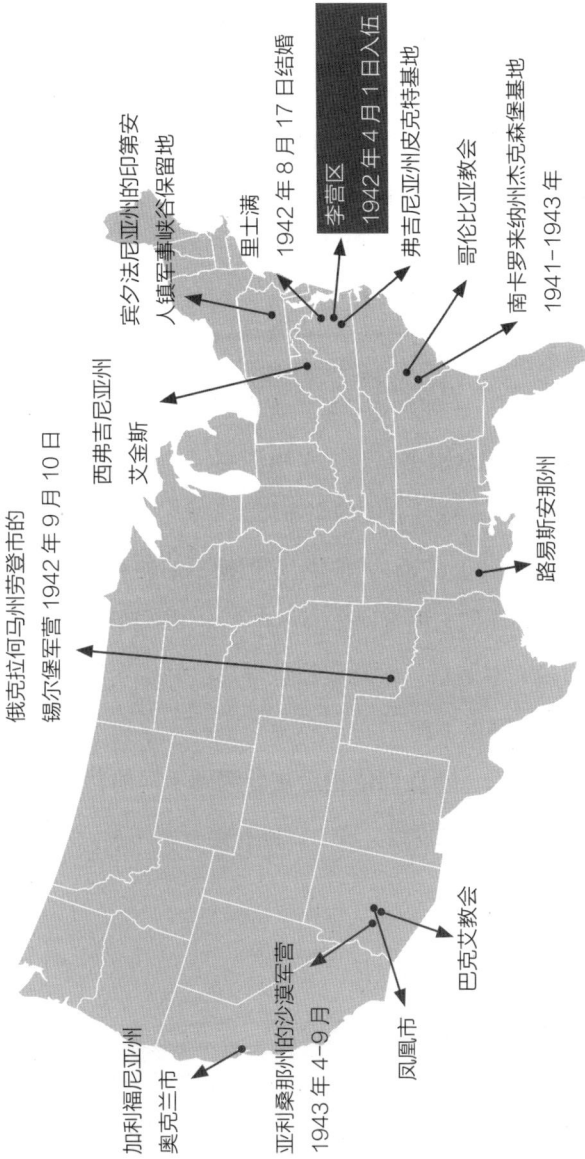

戴斯蒙德于美国本土军旅迁徙地图

的狂欢机会。运兵列车上几乎每个人都在抽烟、喝酒，而且有一些人抽的还是粗黑的大根雪茄，他们当中还有许多人醉到站不稳。

等到火车终于抵达李营区时，戴斯蒙德感到头痛欲裂，觉得自己好像也跟他们一样抽了许多根烟。

"所有人下车，到那栋房子集合。"负责带领他们的军官下令。

戴斯蒙德跳下火车，跟其他人一起排队走到一个桌子前面，领取军装及其他配备。

"等我一下……你是道斯吧？你的尺寸是多少？"戴斯蒙德告诉他以后，士兵拿出了军装、军用汗衫、鞋子、袜子、厚外套各两套，以及一个装这些衣物的帆布袋。

"把衣服换上，道斯。"他说，"把换下的便服拿到那张桌子上去，他们会帮你把它们寄回家，你在军中用不到这些衣物。"当他按照吩咐换完军装后，戴斯蒙德觉得自己好像变了一个人：过去的戴斯蒙德去哪里了？

领完制服后，新兵们依指示被分派到不同的营房，他们接下来的几天会在李营区度过，晚上就睡在这些营房里。

第 9 章

基本训练

"弟兄们上车！尽可能让自己舒服些，因为旅程很长，而且到了那里可就没有舒服自在的机会了。"军官提醒道。

从弗吉尼亚州往南，进入北卡罗来纳州，再进入南卡罗来纳州靠近哥伦比亚市的杰克森堡，沿途景致怡人。士兵们依照指示下了火车，马上就有军用车辆接他们到杰克森堡。

抵达目的地后，每个人要将各个站点跑一遍，听取指示及接受任务。轮到戴斯蒙德时，他走近桌边，向那里的军官行了一个笨拙的礼，因为他对这一切还很生疏，但军官露齿而笑，回了个礼。

他接过戴斯蒙德的资料夹，翻看一下，说："道斯，你的军籍号码是 33158036，你的病历号码是 C6067288。这张卡片上面有这两个号码，不过我还是建议你背下来，以后会常用到。你被分配到 M 连，门那边的那位士兵会指引你过去。"

"请问 M 连在哪里？"戴斯蒙德问那位士兵。

士兵告诉他怎么去，但又说："等一下，他们要你们在这里等一下，有些事要先向你们宣布。"

教官们向他们宣读了《战争条例》，要他们遵守军中的规定，像是禁止不请假就外出之类，然后宣布："你们将隔离检疫两周，这段时间内不可以离开营区。"接着所有人解散。

戴斯蒙德找到了 M 连，并将他的装备整整齐齐地收纳在铺位的一头。

戴斯蒙德很快就适应了军中规律的生活。据他的观察，被分

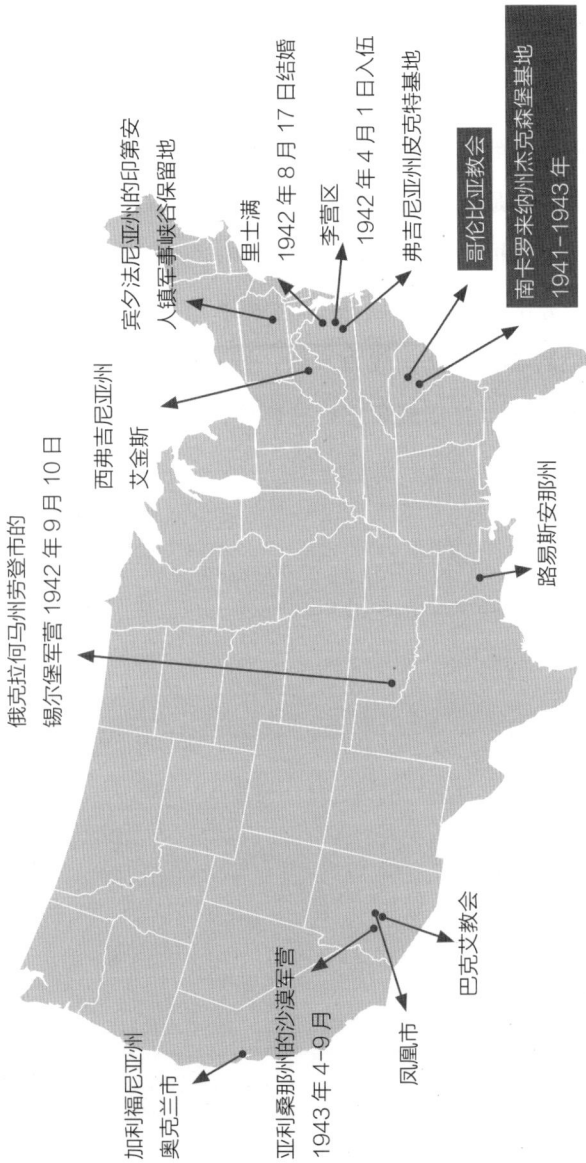

宾夕法尼亚州的印第安
人镇军事峡谷保留地

里士满

1942 年 8 月 17 日结婚

李营区

1942 年 4 月 1 日入伍

弗吉尼亚州皮克特基地

哥伦比亚教会

南卡罗来纳州杰克森堡基地
1941-1943 年

西弗吉尼亚州
艾金斯

俄克拉何马州劳登市的
锡尔堡军营 1942 年 9 月 10 日

路易斯安那州

巴克艾教会

加利福尼亚州
奥克兰市

亚利桑那州的沙漠军营
1943 年 4-9 月

凤凰市

戴斯蒙德于美国本土军旅迁徙地图

派到 M 连的人至少有一部分是因为军方暂时还不知道要把他们分派到哪个单位，于是就先分派到 M 连。

戴斯蒙德渐渐了解军队是怎么由师、团、营及连等组织起来的，而医务部是一个独立的单位，不受连长的管辖，它自成一个体系，不过医护兵仍会被分派到各连中。入伍第二周，戴斯蒙德被派到医务部成为医护兵，并分派到第 77 师（又名"自由女神"师，本是后备役部队，战力一般，被陆军师所瞧不起，后来在 1945 年冲绳之战打出威名，后被尊称"陆战 77 师"）307 步兵团 B 连。

第 10 章

结婚进行曲

面对种种困难，戴斯蒙德总有一位亲密的战友，那就是多萝西。尽管相隔两地，但两人靠通信保持密切的联系。

一个安息日，戴斯蒙德和托马斯太太在教会聊天。托马斯太太问道："最近都好吗？军方有没有按照规定公平对待你？"

"嗯，是的，托马斯太太。"他说，"其实我在军中学到很多东西，只是我很想家，尤其想念多萝西。你知道她是我的未婚妻，可是自从我被征召入伍后，我们就再没见过面了。"

"戴斯蒙德，"托马斯太太说，"多萝西有没有可能来看你？如果她能来的话，欢迎她住在我家，只要她方便，随时都可以来。"戴斯蒙德的眼睛发亮："那真是太好了，托马斯太太！我不确定能不能成功，但我们会努力想办法。"

由于托马斯太太主动提出邀约，多萝西几周后就来到了哥伦比亚。检疫当然早已结束，因此，戴斯蒙德把握周末，与多萝西共度每一刻。托马斯一家都很热情友善，他们很欢迎两位年轻人来做客。

周六晚上，戴斯蒙德和多萝西在客厅聊天（善解人意的托马斯一家那晚刻意外出用餐）。多萝西问："戴斯蒙德，你真的都还好吗？"

"宝贝，军中生活没有太大问题，我应付得来；但是我好想你，希望我们还是能够想办法先结婚。我知道你9月要去上护理学校，我不想阻止你，但如果我们先结婚，我们至少有时还能待在一起。"

多萝西叹了口气："亲爱的，这件事我想了很久。我是想去上护理学校，但我渐渐了解，你需要我的程度超出我想读护理学校的程度。我想我们可以结婚，但在战争打完前先不要生小孩。你认为呢？"

"亲爱的，你真的这么认为吗？那太好了！我们结婚以后，我在哪里驻扎，你就能跟过来，而我一有休假也能陪陪你。"想到结婚的可能性，戴斯蒙德的眼神浮现光彩。两人又亲又抱，正式立下约定，接着要做些具体的规划了。

"我们在里士满的教堂举行婚礼吧！亲爱的！"多萝西兴奋地建议，"你何时可以休假？"

"我现在还在基本训练期间，要等到结束才能休假。我猜是 8 月结束，我会确认一下，最好能问出休假的确切日期。"

两人望向墙上的日历，看来，如果一切顺利，他们大约可以在 8 月 15 日举行婚礼。多萝西周日仍得回去，但两人道别时的心情比刚见面时轻松多了。

戴斯蒙德去找温道尔上尉询问休假的事，但没得到一个确定的日期。"军官和未委任士官有优先权，你得等一等。"上尉回答道。戴斯蒙德本希望能给多萝西明确的答复，却发现他们得耐心等待，好在距离 8 月还有两个月时间。

1942 年 7 月 4 日国庆日刚好是周五，杰克森堡的人都跑去度假了。戴斯蒙德觉得很寂寞，渴望见到多萝西，他必须想个办法见她一面！他盘算着，要是搭周四晚上的巴士去里士满，然后周日再回来，就可以赶上周一早上的早点名，不会被发现。他没有把他的计划告诉营区任何人，不过，后来的事实证明，幸好他已告诉托马斯太太他那周要去找多萝西。

一切皆按计划进行。他抵达里士满的舒特家，期待给多萝西一个惊喜，他知道多萝西见到他一定很开心；他敲了她家的门，希望是多萝西来开门，就可以看到她又惊又喜的样子。

"戴斯蒙德，你怎么会出现在这个地方？"他看到的却是多萝西妈妈惊讶的脸。

"噢，我来找您的宝贝女儿多萝西啊！舒特妈妈。"戴斯蒙德说。

"可是……可是，戴斯蒙德，多萝西也跑去找你了！她想给你一个惊喜。"戴斯蒙德简直不敢相信自己的耳朵！

"现在该怎么办？"他和多萝西的妈妈努力思考着。

"多萝西找你时暂住的那户人家是姓托马斯吗？我们要不要打电话给他们，要多萝西赶快回来？"现在还是周五一大早，这样的办法是可行的。

同时，多萝西也已经到了哥伦比亚，期待着戴斯蒙德看到她会是如何的惊喜，但同样，她到了托马斯家看到了开门的托马斯太太一脸惊讶。"多萝西，你怎么会在这里？"她问。

"我来找戴斯蒙德，希望给他一个惊喜。"多萝西说。

"嗯，他现在一定很惊讶，因为他跑到里士满，也想给你一个惊喜。"

多萝西渐渐想通是怎么回事了。"天哪，托马斯太太，我该怎么办？"

"我们打电话问问，看现在有没有去里士满的火车。"托马斯太太建议。询问后，得知有班开往里士满的火车大约在 20 分钟以后出发，多萝西狂跑到车站，刚好在火车离站时赶上。

托马斯太太告诉戴斯蒙德，多萝西已经在回里士满的路上。戴斯蒙德到车站去接她，两人共度了一个美好的安息日。他们下定决心，以后绝对不会再给对方这种惊喜了！

周日，戴斯蒙德决定搭火车而不搭巴士返回杰克森堡，因为这样抵达的时间刚好。他会在周一凌晨四点到达哥伦比亚，有足够的时间赶回杰克森堡参加早点名，然而，火车偏偏就在这个时刻抛锚了！不知是出了什么问题，反正最后修好了，但列车因此延误到中午才抵达哥伦比亚，等戴斯蒙德回到杰克森堡已是下午一点，距离早点名的时间已经过了七个钟头！

"道斯，今天早点名的时候你跑到哪里去了？"当戴斯蒙德走进营区时，士官问。他没打算隐瞒，于是，将整件事向士官和盘托出。他受到的处分是接下来的十天，每天晚上都要刷洗 B 连医护站的地板及清理橱柜，而且这段时间内都不准去福利社。

　　这惩罚对戴斯蒙德来说不算太严厉；地板通常白天就刷过，他只需轻轻刷一遍，再整理一下环境，剩下的时间他可以用来写信给多萝西或爸妈。因为自己不能上福利社，他就请朋友帮他把制服拿到福利社去洗。戴斯蒙德庆幸没耽误写信的时间，而且结婚要穿的军服也送洗了。

　　戴斯蒙德和多萝西计划结婚的日子即将来到；他们必须定下具体的日期，但戴斯蒙德一直无法得知休假的确切日期，于是，戴斯蒙德再次去问休假的事，这天是理奇士官值班。

　　"士官，请问我休假的事要怎么处理？我跟您讲过我打算结婚，必须知道何时轮到我休假，好让多萝西决定婚期。"戴斯蒙德再次陈情。

　　"恭喜喔！道斯。我有个建议，你要不要去团本部找副司令官说明你的情况？他是这类事务的负责人，或许能给你准确的日期。"理奇士官建议道。

　　戴斯蒙德跑去团本部，但没找到副司令，正犹豫下一步该怎么做时，团司令官进到房里，见他戳在那里不动，问道："弟兄，有什么我可以帮得上忙的吗？"

　　戴斯蒙德行了个漂亮的举手礼，答道："我要找副司令官，长官，但他不在，可是我没被允许来找您。"

　　"没关系，我现在准许了！"司令官和气地说，"什么事？"

　　"长官，基本训练结束后我想结婚，我女朋友和教堂那边都准备好了，但事情卡在我没办法确定休假的日期，因此，一直无法确认婚期，所以我想知道，何时能确定我的休假日。"

"我想可能有困难，道斯大兵，因为预备学校的关系。"司令官说。见戴斯蒙德一脸茫然，他又问："你是在等着进入军官预备学校吗？"

"长官，没有！"戴斯蒙德急忙解释。

"噢，那就没有影响，我来帮你打给温道尔上尉。"说着，他拿起电话拨给温道尔上尉："温道尔，戴斯蒙德·道斯来我办公室说他要结婚了，想知道他的休假日。如果有士兵要结婚，你千万要成全他，你能不能帮他确定休假的日期？这样他才能决定婚期。"

戴斯蒙德在旁边听着，但无法得知温道尔说了些什么，但是当电话挂上后，他得到答案了："好了，温道尔上尉会帮你搞定这件事。恭喜，道斯！"

"谢谢您，长官！感谢您的帮忙！"戴斯蒙德微笑着敬了礼。

戴斯蒙德回到医护站，正打算进去找温道尔上尉，却被理奇士官阻止了。"道斯，千万不要进去！他会把你宰了，他现在处于暴怒状态。你为什么不经允许就直接去找司令官呢？"理奇士官紧张地说。

戴斯蒙德解释，他本来是去找副司令官，但他不在，他并没有刻意去找司令官，是司令官自己主动跟他说话，要帮他忙的。

"好，你先回到你的营房，我来帮你跟温道尔上尉把事情的来龙去脉解释清楚，等他气消了，你就可以拿到你的休假了。"戴斯蒙德终于获知，他的休假是从 8 月 13 日周四开始，因此，他们可以按原先的计划，在 8 月 15 日周六晚上举行婚礼。

他于周四抵达里士满，周五和多萝西到法院拿结婚许可证，但碰到了一个问题：那里的人告诉他们，要拿到许可证，得先去做一个抽血检查。尽管当天就可以做，但检验结果要等周一上午才会出来，也就是说，周一的验血报告没出来前，是拿不到许可证的，也就无法举行婚礼！

周一早上，他们终于去法院领到了结婚许可证，婚礼定在当天下午四点。教会的人都全力协助他们，将婚礼办得尽善尽美；许多人提供了布置会场的鲜花，戴斯蒙德借了舒特妈妈的车子，挨家挨户地把这些花载到教会，然后，他发现他得理个发。到了理发店，却发现队伍排得很长，但他认为应该来得及，在等待的时候，有个男人进入理发店，问外面那辆福特车是谁的。

"是我的车。"戴斯蒙德疑惑地说，"怎么了？"

"你的车爆胎了，我想最好跟你讲一下。"他说。

理发师知道戴斯蒙德理发是为了下午的婚礼，便说："你先去修车，我帮你保留位置。"最后他修了车，理了发，还赶上了婚礼！

婚礼进行得顺利圆满：新郎满心欢喜，新娘容光焕发。他们

戴斯蒙德和多萝西，摄于他们 1942 年 8 月 17 日的婚礼

的仪式跟传统的有点儿不一样，牧师没让两位新人回答"是的，我愿意"，反而直接告诉他们，要是他们愿意不论顺境逆境、富贵贫穷都永远相守，就将两人的双手互相交叠。在为新人祷告时，牧师祈求用特别的方式保护他们，让他们尽管身处战乱，仍能平平安安，终于，他们俩的关系变成了道斯先生和道斯太太！

戴斯蒙德觉得"富贵贫穷"这句话真是太贴切了。他每月21美元的军饷只能过简朴的生活，多萝西手头也不宽裕。婚礼当晚，他们住在林奇堡市的戴斯蒙德父母家，一直住到戴斯蒙德休假结束，返回杰克森堡。

戴斯蒙德发现，婚后军方给他的薪水从每个月21美元变成22美元，而且多萝西每月还可以额外再领50美元津贴。多萝西像其他第二次世界大战时的妇女一样，丈夫派驻到哪里就跟到哪里，且不放过任何打工的机会。她总是把50美元原封不动地存起来，希望在战争结束后买一个小窝。

戴斯蒙德很舍不得新婚妻子，但也很开心他们终于结婚了。婚姻让他有了要安定下来的感觉，也赋予他新的责任感。他感谢上帝赐给他这么一位好太太，愿意鼓励他，陪在他身边——至少有时能在他身边。

戴斯蒙德休假结束后回到杰克森堡，听到传言说军队即将被派驻到某个地方，但派到哪里，也许有些人知道，但大部分人都不知道。

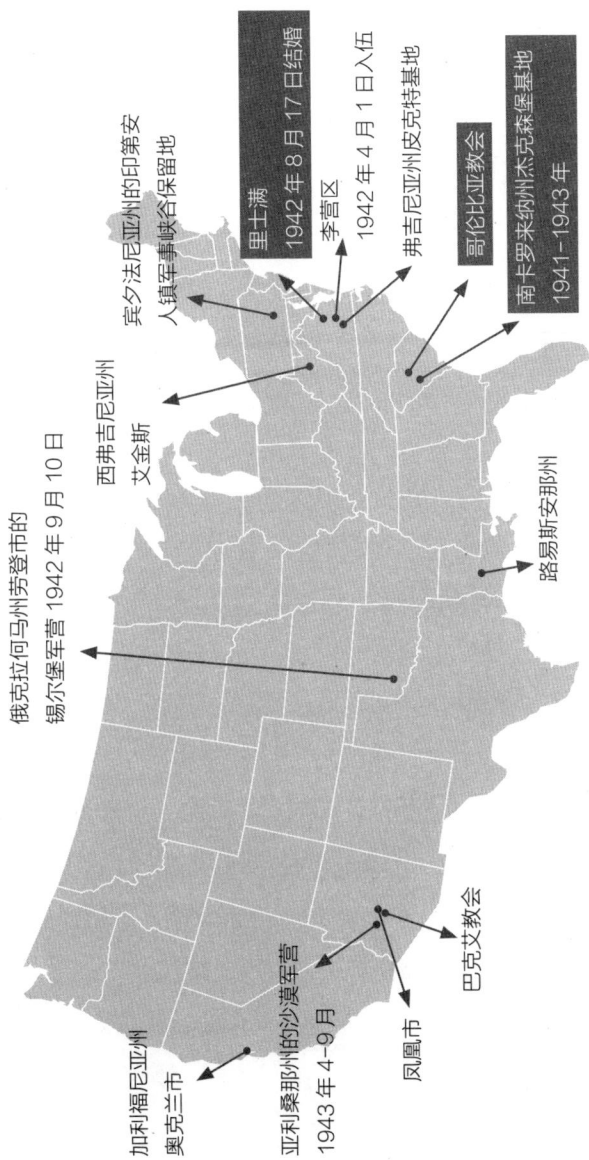

里士满
1942 年 8 月 17 日结婚

李营区

1942 年 4 月 1 日入伍

弗吉尼亚州皮克特堡基地

哥伦比亚教会

南卡罗来纳州杰克森堡基地
1941－1943 年

吴夕法尼亚州的印第安人镇军事峡谷保留地

西弗吉尼亚州
艾金斯

俄克拉何马州劳登市的
锡尔堡军营 1942 年 9 月 10 日

路易斯安那州

加利福尼亚州
奥克兰市

亚利桑那州的沙漠军营
1943 年 4－9 月

凤凰市

巴克艾教会

戴斯蒙德于美国本土军旅征途地图

第 11 章

杰克森堡及西部驻点

1942 年 9 月 10 日，第 77 师搭乘军用列车，前往俄克拉何马州的锡尔堡，军营的位置在劳登市那座小城附近。戴斯蒙德很快就在那里找到了复临教会的位置，每个安息日中午，教会的妇女们都会准备爱宴，士兵们都很期待这一顿。

其中有一位妇女更是犹如天使的化身，她的名字叫萝莉·哈金森，这名字真是名副其实呀！（她的名字叫 Lovey Hutchingson，Lovey 为"充满爱意"的意思。）"我虽然每天都要工作，但还是欢迎你们来。你们这些男生只要人在劳登，就不要客气，我会尽量让冰箱保持食物充足，欢迎自行取用。"

此举大大激励了他们的士气，他们毫不客气地领受了她的好意和食物，她家成了私人的"美军服务组织"，萝莉常和士兵们同心协力一起备餐，他们都很喜欢这种感觉。

在锡尔堡待了几个月后，第 77 师调转方向，搭了几天火车回到杰克森堡。接下来的两个半月，士兵们都在演习中度过，常常一次就走上 40 公里的路，戴斯蒙德自然也与大家同行。路走多了自然会产生的问题之一就是脚起水泡。

"道斯，帮帮我，我的脚痛死了。你有办法治水泡吗？"各种不同职务的士兵都会为此向戴斯蒙德求救。这时，他会拿一根用酒精消过毒的针把水泡刺破，将里面的液体挤出来，包一圈纱布敷在水泡周围，然后贴上创可贴。这样做可以舒缓伤口受到的压力，让士兵们走路时不会那么痛。

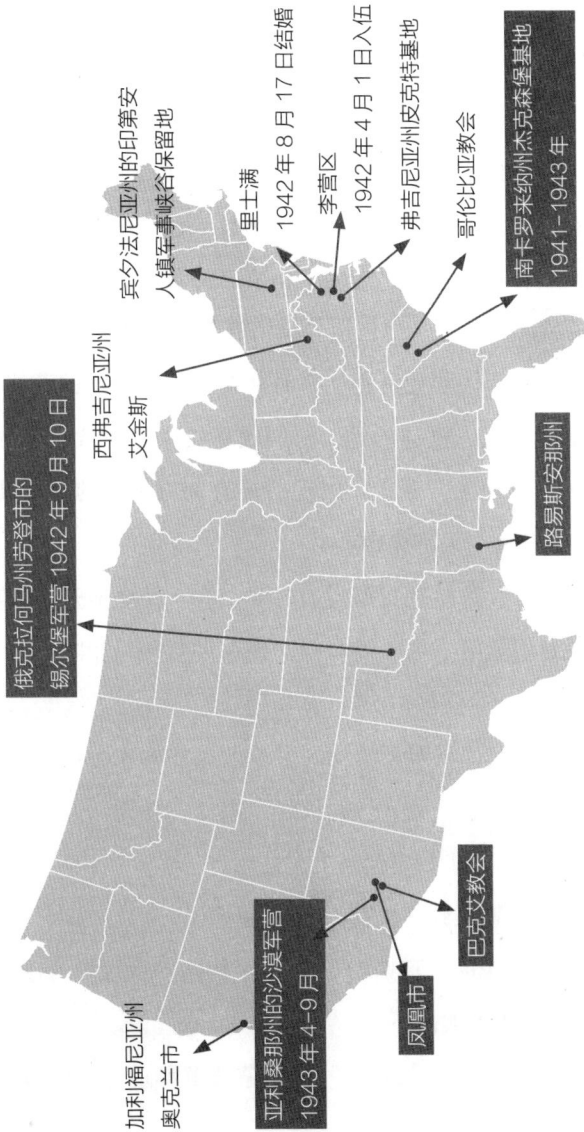

宾夕法尼亚州的印第安人镇军事峡谷保留地

里士满

1942 年 8 月 17 日结婚

李营区

1942 年 4 月 1 日入伍

弗吉尼亚州皮克特基地

哥伦比亚教会

南卡罗来纳州杰克森堡基地 1941~1943 年

西弗吉尼亚州

艾金斯

俄克拉何马州劳登市的锡尔堡军营 1942 年 9 月 10 日

路易斯安那州

加利福尼亚州

奥克兰市

亚利桑那州的沙漠军营 1943 年 4~9 月

凤凰市

巴克艾教会

戴斯蒙德于美国本土军旅迁徙地图

97

戴斯蒙德对自己处理水泡的技术还蛮自豪的，他经手的案例从未发生过感染。他有时不禁会想，老师教他的"一开始就要把事情做好"的原则是否也适用于处理水泡上。

时间过得很快，戴斯蒙德的单位又再度搭上军用列车，前往路易斯安那州，继续过着不断演习的日子。这个军营和他们以前待过的截然不同，首先，它是个新成立的营区，附近从来没有成立过任何营区。其次，那里地处原始的荒野，"荒"到野猪四处横行，它们会在营区附近乱跑，有时甚至会跑进士兵的营帐，也不管里面是否有人。糟糕的是，它们成功侵入了存放食物的营帐，毫不客气地吃起来。令士兵困扰的还有南方常见的壁虱及恙虫，数量之多，让每个人都瘙痒难耐！

戴斯蒙德在路易斯安那州的时候，有一件令他开心的事就是多萝西搬到附近陪了他一段时间，她在离营区只相隔一条马路的一间农舍找到一个房间。

安息日一早，戴斯蒙德就到多萝西居住的农舍接她，两人在牧牛的草地共度了一天，一同读经、唱诗、聊天。但当他晚上返回营区时，被告知少校要他马上去见他。

"一等兵道斯报到，长官。"戴斯蒙德说。

"你搞什么鬼啊，道斯！"少校咆哮道，"我没发给你通行证，你竟擅自离营去逛大街。"

"我没去逛大街，长官！"戴斯蒙德解释道，"我太太住在营区对面，我们今天是待在那里的放牧草地。长官，可能要提醒您一下，根据师级单位的命令，只要情况允许，我的安息日是可以自由安排的。"

此话一出，少校顿失立场，不过他仍给了一记回马枪："道斯，要是给我抓到你的小辫子，我一定把你送上军事法庭。"

"长官，我会努力不让你有任何机会的。"戴斯蒙德答道。

───── ★ ★ ★ ★ ★ ─────

亚利桑那州的沙漠

第 77 师下一个派驻地点位于亚利桑那州的沙漠。他们于 1943 年 4 月抵达，在那边度过酷暑，于 9 月离开。这次一样是个新营区，没有架设降温设备的营房——事实上连营房都没有，帐篷就直接搭建在滚烫的沙地上，当时阴影下的温度是 43 ~ 49 摄氏度——不过也没有阴影。

每个东西都是热的，就连饮用水也是。虽然水来自很深的井底，但等到人喝时已经变热了。荒谬的是，上级单位看到很多人因热衰竭而昏厥，竟决定要在水里添加盐，另外还发盐给士兵。没有人能不喝水，所以只好喝那些加盐的水，但很多人觉得喝起来反胃。

营区不时会有一卡车的啤酒运送进来，为了保持它们的清凉，啤酒四周放满了冰块，士兵们真渴望能拿一些冰块放到饮水里，让水降温！不过，尽管冰块运到营区时大部分已融化，剩下来的那些碎冰块仍不被允许拿走，毕竟它的功用是让啤酒保持清凉！

说来悲哀，许多本来不碰啤酒的士兵这时也开始喝酒了，因为那是沙漠中唯一可取得的冷饮，但这样的习惯使那些士兵因此一辈子再也离不开酒精了。

有一天，士兵被叫去集合，听到以下宣布："我们今天要到一处叫'蒙特苏马的头像'（Montezuma's Head）那里举行演习，把装备带齐。出发时，每个人会拿到一水壶的水，这壶水要喝到你们走完 19 公里抵达终点为止。到了那里会发午餐给大家，并让你们把回程的水灌满。"

众人呻吟了一番，在凉爽有风的天气走上 19 公里也够辛苦了，竟然在这种毒辣的太阳下行走，简直会死人的！事实上，有些人几乎因此丢了小命。

戴斯蒙德当然也行军了，当他抵达 19 公里的终点时，却无水可装。这是因为水是装在大桶里的，但其中一大部分已被冲泡成了茶或咖啡，而这些饮料他是不喝的，剩下的饮用水没那么多，他和一些战友就没装到水。

戴斯蒙德和另一位士兵在没水可喝的情况下踏上了回程，没多久，这位战友就扑倒在地。戴斯蒙德看得出他是热衰竭，但不知道该怎么帮他，因为他需要的是补充水分，而他们两人身上都没有水。

这时，团司令官来了，一辆吉普车也开到现场，他们把已经不省人事的士兵抬上车。

"长官，请问可以给我们一点儿水吗？我们回程时没有喝到一滴水，他才会昏倒。"戴斯蒙德问。

"士兵，你故意说谎！你一定是把自己水壶的水都喝完了，还想要！"司令官给了个冷血的回答。

"不是的！长官，我们的水壶真的完全没装到水！"戴斯蒙德坚定地说。

戴斯蒙德这样说的时候，那位司令官打开了他的水壶，在昏迷的士兵身上倒了些水，但完全无意倒入他口中。

"长官，可以给我一点儿水吗？"戴斯蒙德哀求。

"来，喝一口！"司令官说。

戴斯蒙德将水壶放到嘴边，开始牛饮，直到司令官将水壶从他手上抢回。"够了！现在，你的朋友可以搭车回去，而你，需要步行。听到没有？"司令官命令道。

他说完就离开了，戴斯蒙德趁机违反命令，跳上吉普车，试图用身体帮那位昏迷的士兵挡太阳。他知道在缺乏水分的情况下，他如果走回去，一样会昏过去，而他不想就这样在沙漠里阵亡。吉普车开到了一个供应饮水的医护站，戴斯蒙德痛快地畅饮了一番，并将水壶装满。接下来的路程，他顺利走完，但他至今仍不晓得那位昏迷的战友后来怎样了。

———— ★ ★ ★ ★ ★ ————

陆军条例第 8 节

某个周五下午，戴斯蒙德照例来到医务营总部所在的营帐去领他的安息日通行证，到了现场，他感觉气氛有点儿异样。那位像指挥官一样对戴斯蒙德很有意见的连士官长，在把通行证递给戴斯蒙德时，露出不怀好意的笑容。

"我很快就不用做这件事了，道斯。"他不怀好意地说，"上级长官正在安排，你以后周六都自由了。"

戴斯蒙德决定要搞清楚这到底是怎么回事，于是去找营长官，问他发生了什么事。

"我有好消息要告诉你，道斯。你快要退役了！我们仔细研究过你的案例，做出了以下结论：你符合陆军条例第 8 节所规定的除役标准。你先回你的营房，等除役委员会去找你面谈。不过我想他们应该很快就会召见你了。"

戴斯蒙德毕竟也是血肉之躯，炎热的沙漠生活已经够折腾人的了，他的鼻子还因为不断吸入沙尘而发炎，他的眼睛也因此泪流不止，军官们还将他视作眼中钉，让他不得不时刻刻绷紧神经，其实他也快受不了了，渴望离开军队，打包回家。

然而他又想到，第 8 节的内容是针对精神疾病患者的退役条款。戴斯蒙德·道斯无法接受只因他周六要上教会就被当成精神病患而退役。

除役委员会很快就召见他了。委员会由五位医官及营指挥官组成，他们围绕一张桌子坐成一圈，讨论地点就在炎热的沙漠里。委员会的主席告诉戴斯蒙德，根据第 8 节规定，他即将面临除役——这个消息他本来就知道了。

"为何是第 8 节？我的工作表现不是还不错吗？"他面对的是五位认为他疯了的医官，他还能说什么？

"的确！"医官也承认，"我们对你的工作表现没有话说，只是你在宗教方面太执着了。如果你周六都不在，可能会错失一些很重要的军令或信息。"

"长官，"戴斯蒙德坚持说，"就算真有紧急事件发生，即使是安息日，我还是会照顾受伤生病的弟兄，我已经和另一位医护兵协调好，周六的时候他会代替我的职务，而周日我会代替他的职务。长官，请容我提醒您，我们 B 连呈报的伤病员人数是全团里面最少的。"

戴斯蒙德其实大可不必白费口舌解释，因为所有委员关心的只是如何让戴斯蒙德乖乖退役，但戴斯蒙德无法接受他们这种做法。"您说过我的工作表现良好，"他提醒委员们，"因此你们要我除役的唯一理由就是我守安息日。如果我接受了你们因为我的信仰而被视作精神异常的这种除役理由，那我真是愧为基督徒。很抱歉，各位，你们要用这种理由来要求我除役，我是没办法认同的，也无法接受！"

戴斯蒙德此话一出，他们引用第8节就站不住脚了。因为事实很明显：华盛顿当局不会接受军队光用信仰当作勒令退伍的理由。于是，戴斯蒙德终究能够在那炎热的营区留下。尽管他赢了，但也没什么好高兴的，上级们肯定不会因此而变得更加喜欢他。

有消息传出，第77师即将要拔营离开沙漠——这真是个天大的好消息！他们再也不用忍受满天风沙、热气、沙漠里的演习，他们要朝下一站前进了。

针对第8节条例召开委员会几天后，戴斯蒙德被告知前往团医护站总部报到。他一开始还纳闷，不久就得知了真相。"道斯，你将被调到步兵团。"连士官长告诉他。医务营那些看他不顺眼的人找到了另一个摆脱他的方法，那就是把他调走，因此他即将交出自己的医护器材，向第一营总部连报到。

他收拾着行李，心知以后不会有好日子过了。

戴斯蒙德交回了他的医护器材，当他准备离开营区时，一位名叫玛奇·哈维的四级技术士官来跟他道别。

"噢，对了，道斯，"他说，"我刚刚跟你新的连指挥官下了一个10美元的赌注。他说一定会让你在30天内拿起枪，我赌你不会。"

"哈维,你知道我不赞成赌博。但愿你们两人都能赢,不过我是不会拿枪的。"

于是,戴斯蒙德向他的新指挥官科斯纳上尉(非真名)报到。关于戴斯蒙德这位要转到他所管辖连队的麻烦人物,已经有人警告过他,而他也做好准备了。他将戴斯蒙德派到轻工兵弹药小队,还为他准备了一支卡宾枪。

"道斯,来,"他命令道,"拿着这支卡宾枪。"戴斯蒙德顿时明白了那位尉级军官的意图。因为他"因良知而拒服兵役"的身份,法律容许戴斯蒙德可以不使用武器,但这不代表他可以违抗军官的命令。

戴斯蒙德没去拿那把卡宾枪,但他说:"长官,我很抱歉,但因为信仰的关系,我不能使用武器。"上尉又试了一次,命令他拿起那把卡宾枪,见他不拿,接着又换了一把点四五自动手枪,说:"道斯,拿着它,这不算真正的武器。"

"那它算是什么,长官?"戴斯蒙德低声问。然后上尉又换了双刃短刀和弹药组试试看,戴斯蒙德一样拒拿,但是他用比较委婉的方式拒绝了。

"道斯,你听我说,"上尉试着劝他,"我不是要你杀人,我只是要你接受和别人一样的训练。"

"我不会那样做。"戴斯蒙德冷静地说。

"道斯,你是有老婆的人,万一有人强暴了你的太太,你也不会用枪对付他吗？"上尉换另一个方法游说他。

"我没有枪，也不会用枪对付他。"戴斯蒙德答道。

"那你会怎么做？"

"我决不会眼睁睁地看着它发生，"戴斯蒙德口气严厉地答道，"我不会杀了那个人，也不会开枪。但我会跟他死抗到底，直到他宁愿死了算了。"

两人的僵持暂时画下了句点——30 天期满时，哈维应该拿到了他的 10 美元赌金。

第 12 章

东部驻点·前往战场

搭上军用列车前往宾夕法尼亚州的印第安人镇军事峡谷保留地（Indiantown Gap Military Reservation）的那天终于到来，大概没有人会留恋那片沙漠，大家都迫不及待地想找个地方凉快一下，他们都快忘记凉爽的空气是什么感觉了。他们绝对想不到，他们有一天会非常渴望能再度感受沙漠的热风，哪怕一点点都好。

列车蜿蜒驶过美国领土，抵达印第安人镇。抵达后，科斯纳上尉在和戴斯蒙德是否拿武器的赌注角力中，取得了最后胜利，他指派戴斯蒙德担任"常设炊事杂役"，要他负责刷洗锅碗瓢盆以及餐桌的工作。清洗这些东西的洗涤水放了碱液，戴斯蒙德的手因此破皮流血且发炎，一碰到东西就痛。

戴斯蒙德离开亚利桑那沙漠的营区后，多萝西也搬回了里士满。反正戴斯蒙德连离开营区的通行证都拿不到，她就算搬到宾夕法尼亚州营区附近也没有意义。

—— ★ ★ ★ ★ ★ ——

休假风波

"道斯，有你的信！"有天晚上戴斯蒙德回营房时，士官丢了封信给他。戴斯蒙德发现是他爸妈写来的，心里很高兴，然而，信的内容却使他感到忧心。"本月12日那天哈罗德将从海军休假回家，你有没有可能也请个假，在哈罗德被派驻到海外前，我们

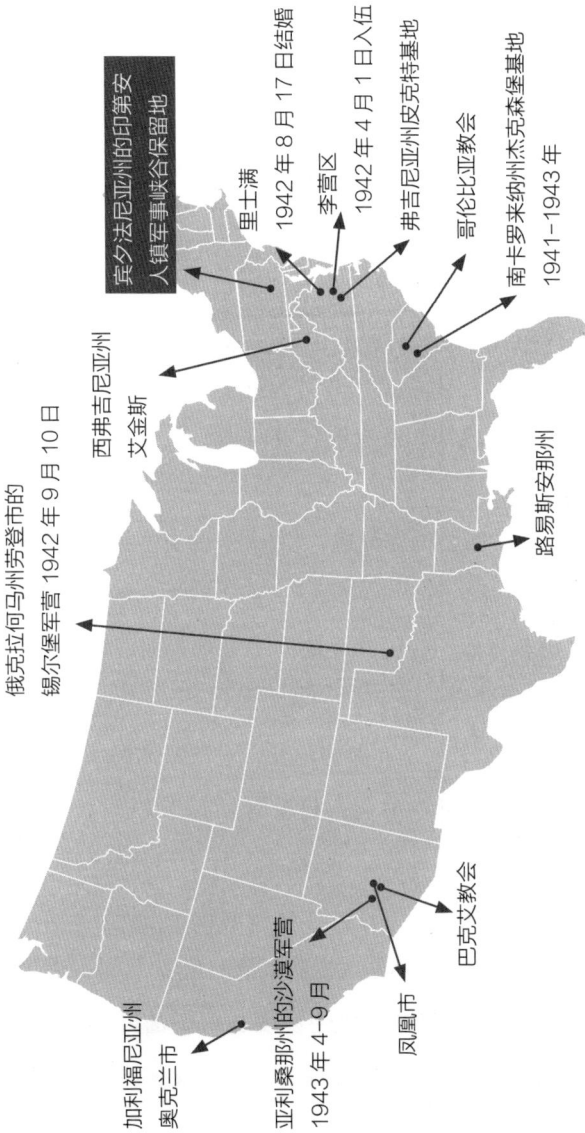

宾夕法尼亚州的印第安人镇军事峡谷保留地

里士满

1942 年 8 月 17 日结婚

李营区

1942 年 4 月 1 日入伍

弗吉尼亚州皮克特基地

哥伦比亚教会

南卡罗来纳州杰克森堡基地

1941~1943 年

西弗吉尼亚州
艾金斯

路易斯安那州

俄克拉何马州劳登市的
锡尔堡军营 1942 年 9 月 10 日

巴克艾教会

凤凰市

亚利桑那州的沙漠军营
1943 年 4~9 月

加利福尼亚州
奥克兰市

戴斯蒙德于美国本土军旅征徒地图

全家聚一聚？他会在家里待一周。"

　　戴斯蒙德看了一下日历，发现他如果要见弟弟，三四天之内就得走，戴斯蒙德和其他几个人快轮到休假了，他想应该来得及见哈罗德一面。第二天，科斯纳上尉召集了那些可以休假的人，发给他们与休假相关的文件。然后他走向戴斯蒙德。

　　"道斯，你尚未通过枪支技能检测，"他说，"按照规定，在具备使用武器的能力之前你没有休假。"说完便把戴斯蒙德手中的休假单抢过来撕掉。那真是一个很大的打击！戴斯蒙德先向军中牧师申诉，结果不成功，接着他试着向其他军官请愿，最后他找到了团指挥官。

　　"长官，"戴斯蒙德解释道，"我入伍的身份是'因良知而拒服兵役'，应该有豁免权不拿武器。然而，因为我不拿枪，我那一连的上尉不给我休假，我因此无法回家去看我那即将派驻海外的弟弟。请问您可以帮我吗？"

　　"道斯，你的老家是在弗吉尼亚，对吧？你们那里出过很多勇敢的军人，你应该学学他们。我看你根本是找借口，想要浑水摸鱼吧！"指挥官讽刺地说。"你就忘了什么'因良知而拒服兵役'的借口吧！像步兵团的其他人一样拿起枪。道斯，我是用很友善的态度提出建议，希望你能改变看事情的角度。"他接着说。

　　"长官，我好像都没有机会说说我的想法，"戴斯蒙德说道，"要是这样算是友善，那真不知怎样才叫不友善。"

"好，既然你这样想，就别想拿到休假单，你不配！走吧！"
指挥官愤怒地说。

戴斯蒙德心里很难过，他走到了营区贩卖部旁的电话亭，拨
了一通长途电话回家；是母亲接的。

"妈，我是戴斯蒙德。我收到你的信了，但我不能回家。"他
哽咽了。"不知道还有没有见到家人的一天？照这样看来，有一天
自己搞不好会被关到牢里。"他思忖着。通话的费用继续计算着，
但他却站在那里，握着话筒无法言语。

"戴斯蒙德，你怎么了？"母亲问，"你在哪里？戴斯蒙德！"
戴斯蒙德终于冷静下来，向母亲解释自己的状况。母亲很难过，但她
爱莫能助，不过，听到妈妈的声音已经让他好过些了。

隔天，戴斯蒙德正在厨房里忙，整条手臂都泡在肥皂水里，有位
战友走进来说："道斯，士官要你去医护营本部报到。"

"这回他又想怎样？"戴斯蒙德一边用粗糙的毛巾把手弄干，
一边想着。

当他到了医护营本部，温道尔上校说："道斯，欢迎，你又回
到医护团队了。"

戴斯蒙德简直不敢相信自己的耳朵，不过他没有被高兴冲昏头，仍
记得问旁边的士官："那我可以拿到休假单吗？"他再次说明，因为弟
弟就要出国打仗了，他想把握时间再见他一面。

"不行！得等轮到你时才能休。"士官说。

"那我能不能改拿通行证？"

"你如果要拿通行证，就没休假了。"

"也只能这样了，请给我通行证吧！"戴斯蒙德说。

他想要回家。隔天早上，戴斯蒙德才知道为何会发生前一天的事。他的父母接到戴斯蒙德的电话后，寄了封夜间邮件给华盛顿特区战争服务委员会主席卡尔莱尔·汉斯（Carlyle B. Haynes），提到戴斯蒙德及他所面临的问题。

收到信的第二天早上，汉斯打了通电话给印第安人镇峡谷的团指挥官，问道："我听说，你们有位名叫戴斯蒙德·道斯的士兵给你们造成一些困扰，需不需要我来了解一下状况？"

"没事，没事！只不过是一场小小的误会，我们都已经解决了。"戴斯蒙德当下就被调回了医护营。

实情是指挥官以及他那些找戴斯蒙德麻烦的属下知道，要是汉斯先生真的来这里调查，他们就麻烦大了。戴斯蒙德"因良知而拒服兵役"的身份保障他免于拿武器，他甚至曾在指挥官的桌上看到一封信（他知道是放在专属他的那个档案夹中），是总司令罗斯福及参谋长马歇尔将军签署的，信中曾写到"因良知而拒服兵役者不该被强迫拿武器"，因此戴斯蒙德有把握，指挥官是知道这条规定的，要是汉斯先生来查的话，他们就麻烦了。

事情原本看似无望，最终却往有利于他的方向发展。

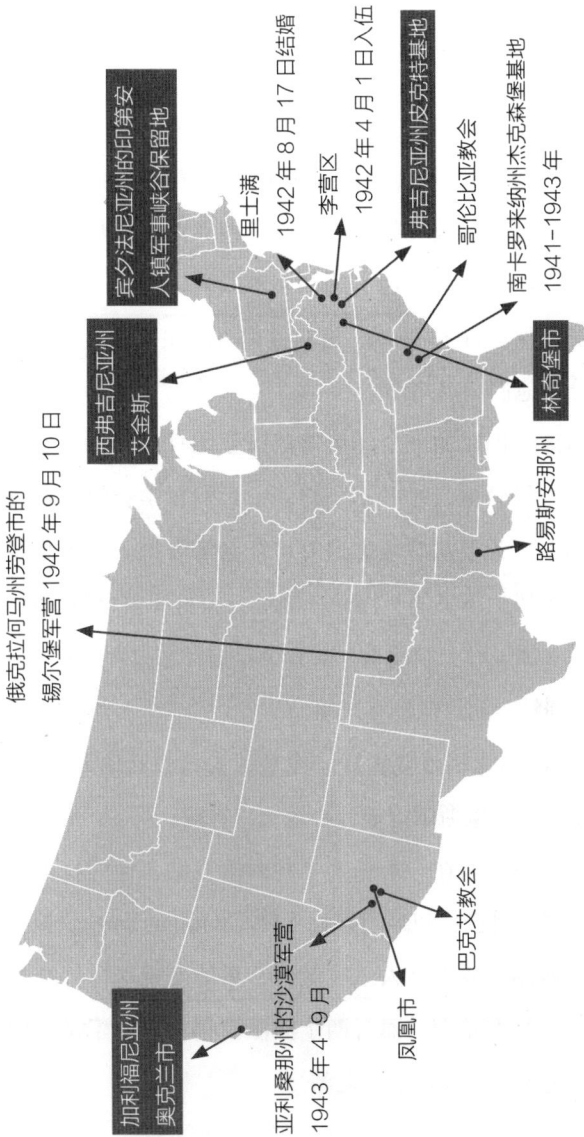

宾夕法尼亚州的印第安
人镇军事峡谷保留地

里士满

1942 年 8 月 17 日结婚

李营区

1942 年 4 月 1 日入伍

弗吉尼亚州皮克特基地

哥伦比亚教会

南卡罗来纳州杰克森堡基地

1941~1943 年

西弗吉尼亚州
艾金斯

俄克拉何马州劳登市的
锡尔堡军营 1942 年 9 月 10 日

路易斯安那州

林肯堡市

巴克艾教会

凤凰市

亚利桑那州的沙漠军营
1943 年 4~9 月

加利福尼亚州
奥克兰市

戴斯蒙德于美国本土军旅迁徙地图

———— ★ ★ ★ ★ ★ ————

绳结课

第 77 师的训练地点遍及各种地形环境。他们在印第安人峡谷、弗吉尼亚州的皮克特基地，以及西弗吉尼亚州艾金斯附近的山区待过。刚进山时，他们还穿着卡其裤，但到了目的地，地上的积雪竟已深达近 18 厘米，这时他们真盼望亚利桑那州的沙漠热气能够分给他们一点儿！

在山区受训时的一个经历对戴斯蒙德日后的军旅生涯产生了重大影响，尽管他当时并不晓得。士兵们要学会的重要技能之一是打绳结，因为要从战场撤退时可能会需要把人吊下悬崖、搭绳索渡河、从树上下来等，因此，绳结打得好不好是攸关性命的事。戴斯蒙德参加过教会学校举办的青少年福音志愿者营，那时已学习过如何打绳结，而且他很有兴趣。

"道斯，你绳结打得很好，你来帮忙教教其他人怎么打。"他的上级士官说。戴斯蒙德很开心地一口答应。

有一次他教人在一条长绳子的两端打结，他们打得很好，于是，戴斯蒙德自己也想练习打称人结（Bowline knot）。他在绳子的中间绕了两圈，并以称人结收尾，结果他发现这样打结会产生两个圈圈而非只有单圈，而且两个圈圈都很稳固，于是，他决定把这种打法记下来，以备不时之需。

—— ★ ★ ★ ★ ★ ——

空军基地

第 77 师成员已经在美国本土集训两年多了。他们获得了完整的训练，而且彼此间已建立合作默契。现在，是他们将所学贡献在第二次世界大战战场上的时刻了。

他们当时是在弗吉尼亚州的皮克特基地受训。"你觉得我们会被派往哪里？"士兵们彼此都在问，但没人知道。有可能是欧洲战场，但也可能是遥远的太平洋战场。

有一天，所有士兵都被叫去集合。"把行李收拾好！"他们被告知，"我们后天就要离开美国了。"士兵们的妻子获准来营区为丈夫送行，于是，在他们要出发的那天，多萝西一大早就从里士满赶了过来。戴斯蒙德等着上火车，尽管他俩只能握住彼此的手，低声说"我爱你"，但两人至少可以在出发前在一起，这就够了。

"全体上车！"听完命令后，两人最后一吻，戴斯蒙德和其他人一起上了车。他选了个靠窗的位置坐下，这样能跟他的多萝西挥手道别。

火车开了，方向是往西。戴斯蒙德被叫到放行李的车厢去帮忙削马铃薯皮——军旅生活总有削不完的马铃薯。路边的景物渐渐变得熟悉，他看出火车即将经过他的家乡林奇堡市。他知道列车会从距离依斯利街父母家很近的地方驶过，也知道爸爸喜欢看火车经过。

"哈喽，大家好！"他告诉跟他一起工作的战友，"我们的列车等一下会经过我家，我爸喜欢看火车经过，请帮我跟他挥挥手。"于是，这群士兵收集了几支拖把、扫把，还有畚箕，站到车门外。当他们进入一名站在门廊的男人的视线范围时，就开始向他挥舞起他手中琳琅满目的器具。托马斯先生可能不知道他们在做什么，更没想到在这群军人中有一人竟是他的儿子。

戴斯蒙德则去做另外一件事，他找了一张纸，在上面写道："我们要打仗了，请为我祷告。爱你们的戴斯蒙德。"他把纸卷起来，用刚刚拿来跟多萝西挥手道别的手帕绑住，然后把纸卷抛出车外。第二天，他的爸妈发现了那张纸。

戴斯蒙德此时的心情非常低落，觉得身边熟悉或珍视的一切人和事物即将离他远去。火车经过穿越林奇堡市中心的大桥时，他突然有个念头，不如就这样跳下去，一了百了，但他知道不能就这样结束自己的生命。

火车开始往下坡走，士兵们明白了，他们是在往西走，这意味着他们最后要去的目的地是太平洋战区。三天后，列车在加利福尼亚州的奥克兰市靠站，他们在那里转搭运兵船，这艘船将带他们从金门大桥下方穿过，展开跨越太平洋的航程。

"从没想过有一天我会亲眼见到夏威夷群岛。"一位士兵对戴斯蒙德说，那时船刚在檀香山（又称火奴鲁鲁）靠岸，他们两人

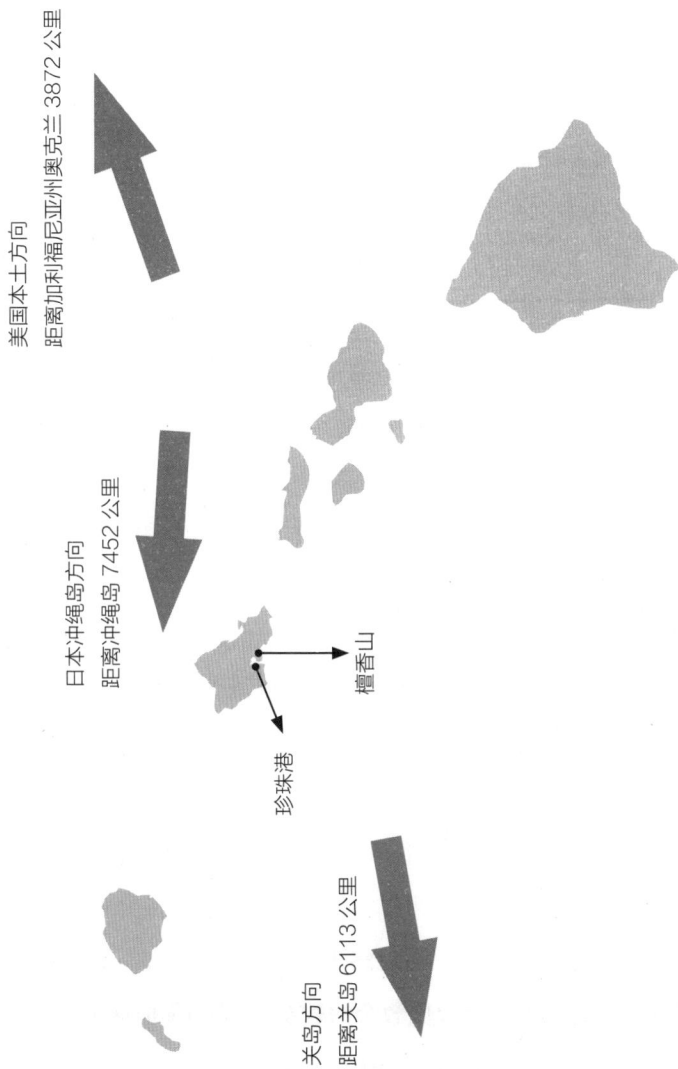

夏威夷群岛地图

美国本土方向
距离加利福尼亚州奥克兰 3872 公里

日本冲绳岛方向
距离冲绳岛 7452 公里

檀香山

珍珠港

关岛方向
距离关岛 6113 公里

站在甲板上。"我也没想过,"戴斯蒙德说,"我想这里应该是珍珠港,就是日本人投下炸弹的地方。"

第77师被带到离檀香山较远的另一端登陆,并在山丘上扎营。抵达的第一个周四晚上,戴斯蒙德正坐在他的铺位上给多萝西写信,突然听到一个声音说:"你去空军基地。"他没有理会,过了一会儿,他又听到了同样的声音。他不知道这代表什么,不过还是把写了一半的信放下,来到医护站。

"请问能不能给我一张去空军基地的通行证?"他问。

"你认识那里的人吗?"士官问。

"不认识。"

"嗯,我实在不知道你去那里要做什么,但你就去吧!不过要在十点半前回来。"士官说着,递给他一张通行证。

戴斯蒙德其实连空军基地在哪儿都不知道,他踏上通往公路的泥土路,但到了公路口却不知道要往哪个方向走。他往右转,遇到一辆军用车愿意让他搭。"你要去哪儿?"司机问。

"空军基地。"戴斯蒙德回答。

"大兵,那你最好下车,往那个方向去。"司机用手指着另一个方向说。

戴斯蒙德于是下了车,最后终于找到了空军基地。他决定先去办公室问问这里是否有复临教会的教友。"请问你们这里有人是基督复临安息日会的信徒吗?"他客气地问道。

"我没听说过！大兵，你要不要去那边的医护站问问？他们可能会帮上忙。"戴斯蒙德找到了医护站，这次换了个方式问："请问你们知道有谁是每周六离营去教堂的吗？"

"我不认识这样的人！"柜台的人说。

就在这时，一位军官进来了。他听到了戴斯蒙德与柜台人员的谈话："沃姆每周六早上都会去某个地方，也许他就是你要找的人。他在我们的牙科治疗室工作，就在那边。"

戴斯蒙德找到了沃姆。没错！他是一位复临信徒，他知道火奴鲁鲁的复临教会在哪里，而且每周都会去。两个人相谈甚欢，相约下周一起去教会。

戴斯蒙德告辞时，已经 10 点 15 分了！他于 10 点 45 分回到营区。

"站住！你是谁？"守卫问道。

"一等兵道斯，长官。"戴斯蒙德答道。

"道斯，你搞什么鬼，这么晚还待在这边？"

"我拿通行证去了空军基地一趟，结果回来的时间比我预期的晚，对不起！"戴斯蒙德道歉。

"好吧！赶快逃回你的营帐。小心不要被别人发现，否则我们两个都会有麻烦。"

戴斯蒙德和沃姆下士在火奴鲁鲁的教会和其他教友共度了美好的一天，戴斯蒙德认识了其他陆军以及海军和空军的弟兄。他还认识了一位很照顾他们的平民牧师"孟森爸爸"，他总是称这些士兵为"我的儿子们"。

"孟森爸爸"很受士兵们欢迎，他还会发表"粉笔证道"，一边讲道一边在黑板上写写画画，他们都很爱听。有一次他画了一名医护兵正在照料一位受伤战友的图，戴斯蒙德非常喜欢。几年后，"孟森爸爸"也为戴斯蒙德画了几幅画，描绘同样的情景，供戴斯蒙德在受邀演讲时展示给听众看。

—— ★ ★ ★ ★ ★ ——

启程

很快，第77师即将整装出发，告别夏威夷怡人的气候、可爱的人们，还有香甜的凤梨。这次，他们搭上的运兵船将继续西行，驶向更远的地方。

和上次一样，士兵们不知道目的地为何处。戴斯蒙德就是在这艘船的甲板上伫立，忆起他的童年和成长过程中的重要时刻。

第13章

关岛及雷伊泰岛

　　1944 年 7 月 9 日，一队运兵船驶离珍珠港，继续往西航行。搭乘这艘船的是第 77 师，即"自由女神"师，随行的有驱逐舰。整个船队蜿蜒而行，尽可能防止日军在海上突袭。

　　几天后，船越过了国际日期变更线，又过了几天，抵达马绍尔群岛的埃内韦塔克环礁，到了那里后，他们接获指令，继续往关岛前进。第 77 师终于要真枪实弹上战场了。

　　"我不知道应该兴奋还是恐惧。"戴斯蒙德向一名战友说。

　　"两者都是。"他答道。

　　这场战争爆发于 1941 年 12 月 7 日，起因由日军轰炸夏威夷珍珠港所引发，至今已迈入第三个年头。大家心里都明白，12 月 7 日之前，美国根本就没准备投入战争，但从那天起，整个国家突然被卷进一个急速动员的战争机器，需要大批生产制造各式各样的舰船、坦克、军用车辆、弹药；男性必须接受军事训练，为进入陆军、海军、海军陆战队、空军服役做准备；征兵系统也开始启动，"不论你想不想，都得上战场！"；民众日常生活所需的糖、油、汽油以及其他物资都采取配给制。

　　日军除了轰炸珍珠港之外，很快占领了关岛、菲律宾、硫磺岛，以及太平洋上的其他岛屿。两年半后，美军准备将这些岛屿一个一个收复回来，但这绝非易事！日军在当地的势力已经根深蒂固，完全没有要撤走的打算，要让日军改变心意，眼前就有一场硬仗要打。许多美军在这些战役中失去了生命，更别提有多少人受伤了（冲绳战役被认为是第二次世界大战规模最大的海陆空联合战役，也是美军死伤人数最多的一次，战况持续数月之久，美军死伤人数估计超过5万人，日军损失10万兵力，冲绳当地居民至少15万人丧生）。负责照料这些受伤士兵的是戴斯蒙德以及他的医护兵战友。

关于关岛的战役，事隔多年后，戴斯蒙德听到了一个很不可思议的故事，他始终都不确定它是不是真的，但不无可能。

当时，一位复临教会的牧师察觉到有人在监视自己的行踪，但他不知道是谁，有一天，跟踪他的人现身了。

"先生，你对关岛熟吗？"那位陌生人问。

"是，还算熟。"他谨慎地回答。

"麦克阿瑟将军有事想请教您。您愿意跟我一起去见他吗？"那人低声问。

他们来到麦克阿瑟将军的总部。将军问道："你了解关岛的情况吗？如果我们去关岛跟日本人打仗，你会建议我们从哪里登陆？"

"肯定是阿加特湾，将军，不会有其他选择！岛上其他地方都布满了悬崖。但容我提醒您，阿加特湾有日本的重兵重炮驻守，日军在那里部署得相当严密。"牧师答道。

将军将关岛的地图仔细地研究了一番，并和牧师讨论整体情势，接着问："你为何对关岛那么清楚？"

"将军，我是基督复临安息日会的牧师，在关岛待了很多年，对整个关岛非常熟悉，后来日军进攻关岛，美国人只得赶快撤离。"因为这个原因，第77师来到了阿加特湾。

★★★★★

登上关岛

"弟兄们，抱歉，我们最多只能在这里靠岸。"船员告诉士兵们，"再过去船就要搁浅了。"

士兵们都分配到大量弹药，不过在进入深度达到腋下的水中时，他们得先把弹药顶在头上。戴斯蒙德虽然没有弹药，但还是有很多急救器材及绷带要搬运，一样不能让它们被弄湿。最后众人终于踏上陆地，但没人知道接下来会发生什么事。

登陆关岛第一个让他们措手不及的是雨：下雨，不断下雨，大暴雨！等他们上岸时，雨水已经把泥土地变成了烂泥坑；当他们继续爬上山坡，烂泥坑则成了泥泞，让他们的脚都抬不起来。"穿着军装的士兵看起来应该是高挺敏捷的，对吧？"至少在大部分人的想象中是这样的，但这些全身湿透且沾满烂泥的士兵们，跟敏捷完全沾不上边。他们跌跌撞撞地在烂泥中行走时，毕生所知的脏话全都派上用场了。

戴斯蒙德觉得不需要如此咒骂。

"这是你们的K口粮（以豆子或培根为主的干粮），各位。够吃三天了，可以撑到我们拿下巴里加达（Barrigada）！"中尉宣布，"你们知道为何拿下巴里加达那么重要吗？"

"不知道，长官。为什么？"几位士兵问道。"因为那里有一口很好的井。你们一直以来都是只要有水就将就着喝，尽管用净水锭处理过，但还是有很多人肠胃不适或得痢疾。我想，如果有干净的水喝，情况应该会改善很多。"中尉答道。

K 口粮主要的成分是豆子和培根，或培根和干酪。戴斯蒙德不吃肉，更不碰猪肉做成的食品。如此一来，他能吃的食物种类就很有限，除了所谓的"狗饼干"（指营养口粮，硬得像是给狗磨牙的饼干）或有时偶然可摘到的椰子。不知道是不是真的，不过士兵们流传着一种说法，就是那些"狗饼干"和 C 口粮（一种罐装预制的湿式口粮）、K 口粮都是第一次世界大战吃剩下的。

上岸后的第一晚，他们从泥泞中挖出一个个壕坑，躲在里面睡觉。他们很感谢有一台大炮正朝着躲藏在他们后方山区的日本兵持续发射，不过大炮所发出的轰天巨响让他们觉得快被从藏身的壕坑震飞出去，那晚没有任何人睡得着。

第二天，士兵们密切注意着是否有敌军出现，结果他们果真看到前方不远处出现了几名士兵！于是，他们开始开火，而对方也予以回击，直到彼此发现对方同为美军，这虚惊一场的战役还没开始就结束了，至少在有人受伤前就终止了。

稍晚，他们在行军时看到路边有一座教堂失火了。他们得知这座教堂曾被日军拿来当作弹药库，兼作战指挥部，美军飞机后来轰炸了这栋建筑，里面存放的弹药因此起火爆炸，幸运的是教堂爆炸时离他们够远，没有造成任何伤亡。

第三天，他们继续朝巴里加达挺进，然而，由于路上遭到日本狙击手的袭击（有时还会碰到坦克攻击，或有日军从地洞里持机枪扫射），抵达巴里加达的时间比预期晚，士兵们开始抱怨肚子饿，包括戴斯蒙德。

他们最后终于抵达目的地，并在那里和一个海军陆战队的单位整合。海军陆战队在巴里加达吃得很好，无须依赖C口粮或K口粮，因此把C口粮或K口粮都扔到垃圾堆了。海军陆战队说要为他们准备好吃的，但还没煮好。丢弃的C口粮或K口粮倒是现成的，很多士兵在等美味佳肴时，先捡了一两包口粮充饥，因为实在是饿扁了！戴斯蒙德也找到他能吃的东西，先开动了。这玩意儿还真难吃啊！他心想。食物可能坏了，结果等到美味佳肴终于上桌时，他却觉得肠胃不适，无福享用了。

—— ★★★★★ ——

暗夜惊魂

"根据我们的判断，前方山顶有一个日军的哨所，因此要上去把它清除掉。"士官对自己所属的士兵们小声地说。"走吧！很快就要天黑了，希望能趁着白天把任务完成，就不用担心天黑后有日军出没。"

这群士兵及随行的医护兵戴斯蒙德沿着山径往上爬，不久就看到四名日本兵跑过山丘，这四人很快就被解决掉了，但他们无法预期哪里还会冒出更多日本兵。天很快就黑了。

士官告诉士兵们："弟兄们，我们就在山路边过夜吧！希望附近没有日本兵，但要小心，因为可能还是会有埋伏。"过了一会儿，当戴斯蒙德坐在地上想放松一下时，他感觉到有什么东西靠近。

"站住！"他喝道。还没来得及补上一句"是谁？"，某个尖锐的物体就刺进了他的肩膀，然后是头部。是刺刀吗？感觉很像。"喵呜……喵呜！"原来是一只黑猫用爪子在抓他。一开始被吓得半死，等到发现是只猫，他不禁捧腹大笑。

★ ★ ★ ★ ★

关岛的下一站

这场应联军要求将关岛从日军手中夺回，移交美军的战役一直持续到 8 月中旬，之后，士兵在岛上驻扎了一段时间，继续巡守。关岛的天气既晴朗又温暖，对他们来说，这算是在战争中暂时享受的太平日子了。

戴斯蒙德也过了几天快活的日子，可以休息一下，睡个好觉，写信给多萝西。只是他感冒了，大部分时间都感到很疲倦（很久以后他才发现，当时他可不是单纯的感冒）。休息几天后，他觉得好多了，再度登上运兵船时，他又有体力承担医护兵的工作了。

整个军队于 11 月 2 日搭船离开关岛。船往南开，他们听说目的地是新喀里多尼亚。他们会在那里先休息一阵子，轻松一下，直到再次被派往某个地方作战。

航程中，太平洋就如它的名字一样，平静无波。几天后，船跨越了赤道，进入南半球。运兵船本来一直往南走，有一天却突然转向，往西北的方向驶去。原来麦克阿瑟将军通过广播宣布，他们被征召前往雷伊泰岛（菲律宾群岛中一个面积较大的岛屿）。于是，运兵船在雷伊泰岛的东岸停靠，接着又绕岛一圈，抵达西岸。

"我们要上到雷伊泰岛西北，欧马克河流经的地区。"士兵们被告知日军在该区的防守固若金汤，有经验的老兵都知道，眼前将是一场硬仗——他们想得没错，战事越惨烈，医护兵的责任就越重大；他们要照顾受伤的兵士，并用担架将伤者带回医护站。

———— ★ ★ ★ ★ ★ ————

格林与史克特

有一天，B 连正在往另一个扎营地行进，戴斯蒙德跟在大家身边时，一位步兵来到他面前。"你知道格林受伤了吗？"

December 7, 1944

戴斯蒙德（箭头下）和战友登陆雷伊泰岛。他的部队很幸运，登岸后几乎没有遇到
日本人的攻击

"不知道，"戴斯蒙德回答，"他人在哪里？"

"在那边的山头上。"士兵指向一座山。

其他士兵听到两个人的谈话，都停下了脚步。"我要去把他带回来，"戴斯蒙德问，"有人要跟我一起去吗？"

"我跟你一起去！"赫伯·史克特说。韦尔农上尉另外找了五名士兵与他们同行，作为后卫；因为他们要去的地方缺乏掩护，需要有人保护他们的安全。

山丘上有两个人受了伤，需要救援——除了格林以外，另一位士兵原本是格林的救援对象。戴斯蒙德蹲低身子，跑向那名伤兵，而史克特则跑向格林。

那名年轻的伤兵额头受了伤，伤势严重，血从伤口经由额头流进眼睛，并在眼睛中凝固。戴斯蒙德从急救箱拿出绷带，从军用水壶里倒了点水把它浸湿，然后用水帮他把血洗去。

瞬间，士兵露出了笑容，脸上焕发了光彩，尽管他们的周围危机四伏。"我以为我瞎了！"他说。戴斯蒙德永远都忘不了那个微笑，这让他觉得对其他士兵的付出都值得了。年轻的士兵爬过了一个土坡，接应的士兵把他带到医护站。戴斯蒙德又把注意力转向格林。"他的情况怎么样了？"他向史克特喊道。

"伤得很重，仍处于昏迷状态，但还有生命迹象。"史克特回答。显然，附近有日本兵听到有人在说话，他们向声音来源方向开火。史克特跳起来，拔腿就跑。

"趴下，史克特！卧倒！"戴斯蒙德大吼。

史克特倒下的动作实在太像真的了，戴斯蒙德还以为他是真的中弹倒地，于是，迅速地爬过去检查他的情况，发现他并没有受伤，心里的高兴真是难以形容。"史克特，我们不要再讲话了，"戴斯蒙德小声地说，"顶多用耳语。"

现在的问题是能为格林做什么。他身材壮硕，体重不轻。两位医护兵脱下他的雨衣，将它铺在地上，然后把格林推到上面，将他拖往医护站。他们身处没有掩护的地带，拖着格林的同时，还得尽量蹲低身体，靠近地面，途中还必须将格林从一名日本兵的尸体上拖过去。后来，他们来到一个长满矮林的地带。"我想在这里我们可以站起来了。"戴斯蒙德说。

他再次检查格林的情况。尽管他仍处于昏迷状态，但还在呼吸！那几名后卫就在旁边，戴斯蒙德向其中一位借了弯刀，又砍了两根竹子，然后，他们把雨衣绑在竹竿上固定，在两名后卫的协助下继续前进。天气炎热，戴斯蒙德感到精疲力竭，但担架上躺着的是他的朋友，因此他继续奋力前进，直到抵达扎营地点。

这时，戴斯蒙德再次检查格林的情况。他好像停止呼吸了！他试着测他的脉搏，没有脉搏！克拉伦斯·格林就这样死了！

丹恩医生见戴斯蒙德疲惫不堪，失魂落魄，于是，给了他几颗药丸，要他服下后回去休息。这些药丸让他睡得不省人事，直到隔天才醒来。

失去挚友对戴斯蒙德是极沉重的打击。从那件事以后，他依旧全力救治每一个受伤的士兵，但他尽量不看他们的脸，只因不想再看到任何一个好朋友离开他。

隔了一阵子，有一天，史克特和戴斯蒙德用担架运送一名士兵，正当他们渡过一条河，准备爬上堤岸时，一名狙击手的子弹突然飞来，与戴斯蒙德擦身而过，击中史克特。他应声倒地不起。

"快来帮我！"戴斯蒙德向附近一辆载运担架的吉普车上的几名士兵喊道。一名士兵跑过来，帮戴斯蒙德把他和史克特原先搬运的士兵抬到吉普车上，然后带着另一具担架回到史克特身边。正当他们把史克特抬上吉普车时，日军用机关枪向他们扫射。士兵们急忙跳上车，戴斯蒙德只来得及将史克特的担架猛推一把，使它稍微推入车子里一点儿，而他自己的指尖才刚刚勾住车子后方，车子就开了。

回医护站的车程，戴斯蒙德觉得大部分时候好像是在飞，却又一路平安，他为此心存感激，但赫伯·史克特再也没有醒来，又一名优秀的军人、好友离开了，戴斯蒙德不忍再想这件事。

---- ★★★★★ ----

两位伤兵

戴斯蒙德跟在作战军队旁边时，他总是尽量保持在整个队伍从前面数来约三分之二的位置上，这样他比较容易发现有谁受伤了，能尽快赶去救治。有一天，他照样跟在队伍旁边走，不知不觉中，他发现自己走到了队伍的前头。

这时，旁边一位士兵突然吼了一声，抓着自己的脚。"噢，好痛！"他说。戴斯蒙德停下来检查他的脚，子弹将他的脚打穿了一个洞，他用绷带把伤口裹起来。

"弟兄，听着，我们最好帮你注射一剂吗啡，这样可以让你的脚不那么痛。"戴斯蒙德建议道。

"不，我不需要，真的没有那么痛！"那名士兵表示，说着就离开了，自行往医护站的方向走去。戴斯蒙德于是继续跟着其他士兵往前走。他实在很想给他止痛，但他从不勉强人，因为他知道那只能带来暂时的麻痹，药效过后，疼痛的感觉会更强烈。

过了没多久，又有一名士兵受重伤。他的腹部遭受攻击，戴斯蒙德一眼就看出他伤得很重，子弹将他的腹部撕裂出一个大洞，肠子都跑出来了。戴斯蒙德向来坚持，不论情况看来多绝望，他都会尽全力救治对方，于是他将肠子推回去，并在伤口上覆盖了一大块战斗包扎用的纱布绷带，然后让担架兵将他带回救助站，虽然戴斯蒙德认为他可能撑不到医护站了。

第二天，戴斯蒙德去医护站补充一些绷带，顺便问了昨天那两位伤兵的情形。

"噢，脚上被打出一个洞的那位士兵吗？"医生平静地说，

"他走了！"

"怎么可能！"戴斯蒙德吃惊地说，"他伤得没那么严重啊！怎么会这样？"

"我也不确定，我猜可能是惊吓过度。你也知道，这种情况有时会发生。"医生说。

"那么肠子跑出来的那位呢？"戴斯蒙德又问道。

"他们在医院为他开了刀，据我所知，复原情况良好。"医生淡淡地回答。

戴斯蒙德简直不敢相信，但后来他在军方举办的活动中碰到过此人。他总爱对戴斯蒙德说："我可以证明你曾经照顾过我。"然后指指横跨腰部的一条疤。

—— ★★★★★ ——

狙击手

地点同样还是在雷伊泰岛。有一天，有名士兵受了伤，倒在水田边，戴斯蒙德准备前去救治时，几名士官叫住他。"别傻了！先找掩护，等炮火缓下来时再出来吧！那边有名狙击手，我们还没解决他。你非去不可吗？"

"我要赶快去，否则他可能等不到我过去就没命了。"戴斯蒙德说。他冲到那名士兵身边，处理他的伤口，然后叫担架兵过来。

他们迅速把他推上担架，带往医护站。

等他回到士官们那里时，他们告诉他："道斯，我们担心你随时都会被杀；我们想解决掉那名狙击手，但如果这样做，将会波及我们的人。他的机关枪就对着你，你没看到吗？""没有，我没看到。"戴斯蒙德惊讶地表示。

三四年后，日本的一名传教士正在传讲戴斯蒙德这段经历时，有一名坐在后排的日本男人告诉教会执事："那名日本狙击手很可能是我，我当时就在那个地点。我记得，当时有名美国士兵在我的射程范围内，但我却无法扣下扳机。"当他们想要找那个人询问进一步的细节时，却发现他已经不知踪影了。

———— ★ ★ ★ ★ ★ ————

雷伊泰岛

在雷伊泰岛的时候，戴斯蒙德常常感到很虚弱。他们当时是在丛林里前进，扫荡日军的势力，每行军 50 分钟，休息 10 分钟。戴斯蒙德发现他无法跟上队伍，等他终于赶上了，他们又要开拔了，于是，大部分时间戴斯蒙德都是在落单的情况下，一个人穿越日军环伺的危险丛林。

当军队抵达海滩上一处休息地点时，士兵们都在休息，然后开始玩游戏。但戴斯蒙德没有加入他们，他只是大睡特睡，要不是吉姆·杜利斯拿食物来给他吃，他也许连吃饭都免了。经过这一番休息后，他又有体力可以重新出发了。

雷伊泰岛对戴斯蒙德并不仁慈，失去两位挚友是难以承受的打击。

第 14 章

冲绳

"这就是冲绳吗？它看起来不大！"一位士兵说。

"不是，我想这只是冲绳附近一个叫伊江岛（Ie Shima）的小岛，Shima是'岛'的意思。我记得附近好像还有另一座岛屿叫作间味岛（Zamami Shima）。"另一位回应道。

另一位士兵也加入谈话："嗯，我刚听说恩尼·派尔（Eynie Pyle，1900—1945年，是著名的美籍新闻记者，被誉为'第二次世界大战最伟大的战地记者'，1944年普利策奖得主，1945年在伊江岛采访时，被日军机枪手击杀）不知是昨天还是前天，就在这个伊江岛被杀了，他是名优秀的战地记者。这真是个噩耗，他总是跟在士兵旁边，忠实报道战场上发生的第一手消息。"

有几天时间，第77师待在船上，停留在冲绳一带的海域。但1945年4月20日那天，他们登上了冲绳本岛。第77师多了不少新招募的士兵，因为在关岛及雷伊泰岛的战役中折损了太多战友。（戴斯蒙德所属的步兵团是接替严重伤亡的96师防线，77师是在攻略战后期才加入这场血战的，96师4天的激烈血战却只能前进几十米，日军仍盘踞高地。）

他们在冲绳登陆时，听说了一个令人心痛的消息。原来，日本人告诉岛上居民，美国人来到后，会用凶残的手段对付他们。日本人叫他们藏起来，甚至要他们先自杀，以免落入这些"残酷老美"的手中。许多母亲信了，当美军登陆时，他们发现有迹象显示，有的妈妈先割断孩子的颈项，自己再自杀；有些人则是把孩子从高崖

恩尼 · 派尔此照片摄于在冲绳岛时他牺牲前 10 天（1945 年 4 月 8 日）

1945 年 4 月，美国军舰登陆冲绳岛西南岸

推落海中，自己跟着跳下去；有几百人因此失去生命，而没有这样做的人很快就发现，美军并没有日本人描述的那么残忍。

横亘整个岛屿的是一道约 120 米高的断崖，名为前田断崖／高地（Maeda Escarpment，因为邻近前田村，故称为前田断崖，而断崖的南坡就是钢锯岭，崖上的针尖石就是戴斯蒙德的步兵师的主要攻略阵地，它的位置正处于钢锯岭的俯瞰之下，因此对于美军而言，可谓肘腋之患不可不拔）。这断崖的正面几乎和地面垂直，崖顶从这一头到另一头有 70—90 米宽的空间，地势才会继续向下垂降。

当时美军还不知道，日军的势力已深入这座大断崖的中心地带，断崖中有深达两三层楼的防空洞，不同楼层间有楼梯相通。第 77 师在这约 120 米高的崖前扎营，他们的任务是要将崖后及崖顶的日军全部歼灭，他们能想象得到这会是多艰巨的任务。（钢锯岭之役是日本本土前的最后一道防线，对于日军而言，一旦冲绳失守，日本本土、朝鲜、中国沿海的制海权、制空权将全部丧失，因此日军有着前所未有的抵抗决心。为了争夺这个位于悬崖上的小小阵地，美军也付出了相当惨重的代价，最后更直接影响了美军使用原子弹的决策。）

身为医护兵的戴斯蒙德原本无须参与守卫的工作，但见战友们因为历经苦战，睡眠严重不足，他有时自愿加入守卫的行列。有一次，他和另一名士兵在靠近断崖底部的区域担任守卫，他轮第一班，过几个小时要交班了，于是，他把另一位战友唤醒，但

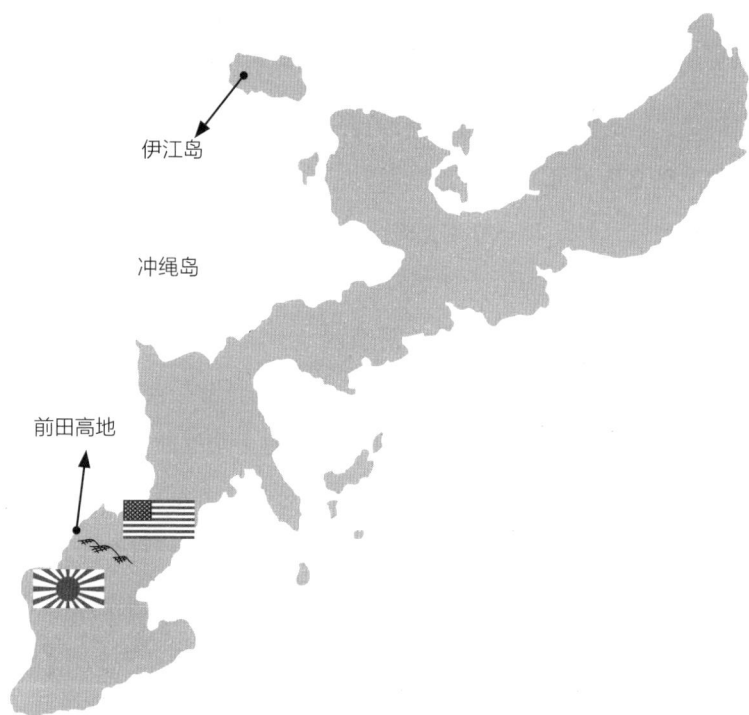

伊江岛

冲绳岛

前田高地

他很快又睡着了。

然后戴斯蒙德听到了一个声音！他们旁边有个很大的坑洞，坑洞中传出说话的声音——他们不是在讲英语！在戴斯蒙德和同伴伸手可及的地方就有几颗手榴弹，他知道，只要他把手榴弹丢下去，这些日本人就会变作一堆尸体，戴斯蒙德从来没有像此刻一样有这么强烈的杀人欲望。

他相信，如果那些日本人向他投掷手榴弹，而他趁它还没爆炸前把它丢回去，他这样做是完全站得住脚的。然而他觉得，以他"因良知而拒拿武器"的身份，却对着坑口丢手榴弹，导致敌人丧命，将使他想要宣扬的信念遭受质疑。他戳戳另一位共同守卫的士兵，把他弄醒，因为他在打呼噜，戴斯蒙德怕日本人会听到，但那士兵很快又睡着了。戴斯蒙德只好尽可能地移到离洞口远一点儿的地方。

这道悬崖的前 110 米尽管陡峭且崎岖不平，攀登起来相当辛苦，士兵们也还爬得上去，但到了靠近崖顶的最后 10 多米处，崖壁简直就是垂直而上，靠近崖顶的地方甚至往外突出约 1.5 米。

后来，哥尔诺中尉请戴斯蒙德帮忙。"道斯，你们几个人能不能把那边海军运送货物的网子拿过来，将它编成一条梯子，用来攀登最后 10 米？我觉得你可以用这些标准规格的木片（一般建筑用木材的标准规格为宽约 10 米，厚约 5 米）把绳子串接起来。"

"是的，长官。我们试试看！"戴斯蒙德说。他们将货物网拼接成绳梯，绑在崖顶边缘的珊瑚礁岩上，而其他士兵则用附近找到

前田高地

美军战斗机不断轰炸前田高地（箭头下）

从前田高地顶端俯视，可以看到这个通风坑道。日军用梯子在坑道内爬上爬下

的石块在崖边筑了道墙，算是掩护他们，聊胜于无。

"大家做得很好。"中尉说，"这样我们上下就方便太多了，也会比较安全。"

1945 年 4 月 29 日，对前田断崖的进攻正式开始。士兵们爬上崖顶后，双方即展开战斗。戴斯蒙德他们面临的一大考验是：日军对这里的地理环境了如指掌，他们挖出来的壕沟和地洞，美军有时根本无从辨识。这里的地形看似自然形成，美国人不会起疑心，其实暗藏着对准了他们的一个个枪口。

洛佩兹（Henry D. Lopez）在他的著作《从杰克森堡到日本》里写道："美军试图攻取的日本占领点中，冲绳的守备是当中最严密、最难攻破的。该岛的地形包含了无数的小丘、悬崖，以及珊瑚礁岩及石灰岩所构成的海岬……极度易守难攻。"

——— ★ ★ ★ ★ ★ ———

奇迹之日

"好，弟兄们，我们今天要再度攻上崖顶。货物网做成的梯子已经搭好，上崖会变得容易些。你们有充足的弹药支持，请大家加油！"哥尔诺中尉在登崖前一刻如此指示。

所有人开始爬上崖壁，攀上网梯。他们几乎是一抵达崖顶就被阻挡，无法再前进。在附近和他们一同作战的 A 连遭遇猛烈的反击，他们当中最先爬上崖顶的人已经牺牲。这时，无线电传来指挥部的声音，询问 B 连的伤亡情形。

戴斯蒙德答道，目前尚无伤亡。于是上面指示，B 连得自行攻下整个崖顶，因为 A 连几乎已经被歼灭。山姆大叔（山姆大叔是美国的绰号，这里是指美军总指挥部）有时为了达成重要目标，不得不以人命为代价，而前田断崖就是所谓的重要目标。

B 连登上崖顶，向前挺进。他们攻破了日军的八九个碉堡，但神奇的是，B 连竟然一个人都没折损——仅有的伤者是被一块石头击中手部。这场战役打得实在太漂亮，总指挥部很快就得到消息，消息甚至传回美国本土。

第二天，通信部队的一个人来到 B 连的扎营地点。"我们都听说了你们昨天的事迹。请问我可以照张相吗？"

"没问题！"哥尔诺中尉说，"道斯，你爬到崖上，让他照张相。"戴斯蒙德对那个人说："请跟我一起爬上来。"

"我想还是算了，我没有在那里遗失什么东西，所以也不想上去。"那人如此回答。

★ ★ ★ ★ ★

荣誉勋章之日

攻上断崖的时机再度来临，尽管在战火连天的年代，有时不

戴斯蒙德 · 道斯（箭头处）站在前田高地的崖顶。在攀崖前，他曾在这个地点为士兵们祷告。右图中的绳子就是他隔日将约75名伤兵垂降下悬崖所用的那条

易记得哪件事发生在哪一天，但根据其他几个资料来源，那天应该是 5 月 5 日，安息日。

韦尔农上尉走过来对戴斯蒙德说："道斯，你今天愿意上崖顶吗？你也知道，我们只剩下你一个医护兵了，我们非常需要你。"

"是，上尉，我愿意。"戴斯蒙德答道。

当时他们的心态是，最辛苦的战役已经过去，今天只是清清场。

B 连剩下的 155 人攀上了悬崖，他们没想到马上就要面临最血腥的战斗。最糟的情况竟发生了，有个日军的据点他们怎么都攻不破，美军将"包式装药"（袋装黄色炸药）拖进了那个日军的据点，但炸药还没来得及引爆，敌人就把引信拆了。最后，几个人合力把 19 升的桶装汽油拖到了日军的地洞边倒入，菲利普中尉接着投入一枚白磷弹。

结果，产生的爆炸威力超出了他们的预期。地洞本身固然被炸得面目全非，但也造成地洞下方的山坡发生了更大规模的爆炸。会造成这种结果，显然是因为在汽油点燃时，不只是他们倒入的"高爆炸药"全被引爆了，连山坡地底深处的弹药库也一起被引爆了。

接下来发生的事更是完全出乎他们的意料。日军突然从四面八方的地洞和壕沟里钻出来，也许日军觉得这是背水一战了。日军人数之多，又是自杀式的打法，美军如果还不赶快撤离崖顶，无异于自杀。（日军在钢锯岭做了大量地下防御工事，钢筋混凝土地堡、纵横交错的坑道和地洞，配合密集的交叉火力不断地负隅顽抗。）士兵们奉命撤退，本来撤退时应该讲求秩序，但最后却乱成一团。

戴斯蒙德一直留在战友身边，直到他们全部撤守。可是，那些东一个西一个倒在崖顶的伤者怎么办？他无法留下他们一走了之，他深知他们也都有父母、妻儿在家里盼着他们归来。

他往最近的伤兵的方向移动，那士兵伤得很重。戴斯蒙德把他拖到崖边，四处张望，看有什么可以帮上忙的东西。他发现一具担架及一条之前用来把补给品拉上崖顶的绳子。于是，戴斯蒙德把伤兵推上担架，尽量将他绑好固定在担架上，然后将他沿着崖边垂降，自己则抓紧绳子的另一端，垂降一段距离时，戴斯蒙德一度感觉士兵好像快要掉下去了，然而绳子终究没有断掉，担架最后在离崖顶 10 米的地方，也就是网梯的起点安全降落。

有几位士兵下崖时没有直接下到崖底，而是下到网梯底端的陆地，在那里略做休息。

"这是在搞什么？"他们看到从天而降的担架时不禁纳闷。

"快把他送到医护站！"戴斯蒙德从崖顶喊道，"他受了重伤！"

几位士兵带着那名伤兵开始往下爬，于是，戴斯蒙德再把绳子收回。刚才把那名伤兵垂降下来的时间有点长，戴斯蒙德突然想起，之前在西弗吉尼亚的艾金斯受训时曾打过有两个圈圈的称人结。他迅速地打好结，将另一名受伤的士兵弄到崖边，把他的两条腿分别套入两个圈圈中，然后再打一个同样有两个圈圈的结，套在士兵的胸膛上，最后将他缓缓地沿崖边垂降。

坡顶靠近崖边处刚好有一个树桩，让他可以把绳子缠绕在上面，一点一点地慢慢放，这样，他把士兵垂降下去时就不用那么费力。

"为何日本人没有找到崖边来，把这些受伤的美国人一次解决掉？"戴斯蒙德没有答案。

历经 5 个小时之久，戴斯蒙德终于把所有受伤的士兵救下来，一个都不少。虚脱且全身被鲜血浸透的戴斯蒙德是最后一位从崖顶下来的士兵——令人难以置信的是，他毫发无伤！

B 连中那些亲眼见到戴斯蒙德这位"因良知而拒拿武器"的医护兵的所作所为时都惊呆了。没多久，他的事迹传遍了全连。然后，消息传得更远了。

当他回到扎营地点时，听到了来自一名士兵的体贴话语："道斯，你的军服都被血浸透了，而且你全身都爬满苍蝇，但我们并没有防虫喷雾，我们会去找别的军服给你穿。"不久，他就换上了干净的制服。

第 77 师指挥部的布鲁斯将军抵达营区。他听说了戴斯蒙德的事迹，想要亲自跟他握个手，他也建议给戴斯蒙德颁发国会荣誉勋章，并叫那些负责的人去安排授奖事宜。戴斯蒙德是后来才知道这些事情的，因为他当时不在现场，没跟将军握到手，他也觉得很可惜。

戴斯蒙德当时究竟把多少人垂降到断崖下？军方高层说："我们来算算看！我们上去的共有155人，只有55人是自己下来的。因此，你救了100人！"

"不可能！"戴斯蒙德谦虚地说，"不会超过50人！我没有足够的时间救100人。"

于是，他们取了个中间值——后来在戴斯蒙德的国会荣誉勋章典礼上写的就是这个数字。

—— ★ ★ ★ ★ ★ ——

受伤

两周过去了，日本人仍坚守某些地点，抵抗到底。（日军积极展开近战、夜战、小部队组织战，频繁实施猛烈反击，消耗美军战力，企图将当时立足未稳的美军赶下高地。）美军于是决定仿效日本人的做法，日军常在清晨从躲藏处跑出来，把熟睡中的美军杀死，美军何不以其人之道还治其人之身？

上层决定试试！于是，在一个特别黑的晚上，美军从扎营的地方倾巢而出，戴斯蒙德在每个人的背包上贴了块胶布，目的是希望即使在黑暗中，也可以凭着胶布发出的微弱闪光跟上彼此，然而，当晚天色实在太黑，因此这也没有多大帮助。终于，队伍到了预计隔天早上要发动突袭的地方附近，戴斯蒙德和其他三位士兵找了一个洞爬进去。

他们看到一枚手榴弹飞了过来！其他三名士兵及时爬到了洞外，但戴斯蒙德已经爬入深处，来不及逃出来。手榴弹落在他的脚边，戴斯蒙德几乎是直觉反应，立刻把沉重的军靴往手榴弹上一踩。砰！他感觉自己被抛到半空中，眼冒金星，摔落到地面后，他感觉自己的双腿还在！但正在大量出血，他尽可能地把腿包扎妥当。（77 师如同 96 师，在崖顶上与日军做拉锯攻防战，与日军互掷手榴弹。他们用炸药包来清除洞穴内的日军，在夜间也做摸哨与袭击。）

他必须尽快离开，因为这里仍是日军的势力范围，于是，他和另一名士兵翻越山坡，往美军的地盘移动。他们在途中看到一个山洞，由于同伴的肩膀受伤了，戴斯蒙德借了他的铲子，好把洞口挖大一点儿，容易进去，然后两人爬入洞里过夜。戴斯蒙德知道自己失血严重，觉得头昏脑涨，于是，以头比身体低的姿势躺下。

天边微露曙光时，两人探头看了一下四周的环境，他们发现，昨晚戴斯蒙德把洞挖大时，只差几寸的距离就会误触一枚未爆大炮的外壳。要是真的碰到它，他们将被炸得尸骨无存。（自 4 月 29

戴斯蒙德手臂打石膏照

日至 5 月 7 日止，307 团生还人数不到一半，在如此反复又异常激烈的血战中，能生还已实属万幸，而戴斯蒙德在这样的情况下还能来回救下 75 名伤患，则是万幸中的万幸！）

天亮没多久，两名抬担架的士兵来了，要把伤者抬走。他们将戴斯蒙德搬上担架，准备将他带往医护站。在半路的时候，他们发现一名遭日军袭击以致头部受伤的士兵，但他们只有一副担架，也没有足够的人手可以搬运两名士兵，戴斯蒙德便从担架上爬下来，叫他们把头部受伤的士兵先带走。

"我们不想这样做，道斯。"他们说。

但戴斯蒙德很坚持地拒绝了："我已经在这里待了 5 个小时，再等一下也不会有事的。带他走吧！"

"好吧，道斯。我们很快会再回来。"

抬担架的士兵走后，戴斯蒙德的朋友布鲁克斯（他和多萝西一样来自弗吉尼亚州的里士满）正好经过，他也受了点轻伤。

"道斯，你怎么了？噢，我看出来了。你觉得如果你靠在我身上，我们有没有办法自己走到医护站？我们试试看吧！"布鲁克斯提议道。

两人就这样出发了。他们没走多远，戴斯蒙德就遭到一名日军狙击手的袭击，并被击中了手臂。子弹从他的手腕射入，从手肘下方穿出，然后又从手肘上方进入，最后在上臂停下，子弹所经之处的骨头和神经都粉碎了。要不是戴斯蒙德的手臂挡了这一枪，子弹会从布鲁克斯的颈部穿过，搞不好就没命了。

"布鲁克斯，把枪给我！"戴斯蒙德说。

布鲁克斯很惊讶，从不拿枪的戴斯蒙德怎么会突然要一把枪？但戴斯蒙德知道自己在干什么，他把枪身紧贴重伤的手臂，要布鲁克斯用他的野战夹克将他的身体和手臂缠裹在一起，这样等于是为手臂提供一个夹板。然后，两人继续向医护站前进，然而，戴斯蒙德因失血过多，终于昏了过去。

布鲁克斯跑向医护站，请那边抬担架的士兵把戴斯蒙德抬回来，由于他们去的医护站不是第一营的医护站，还造成千里之外的林奇堡市发生了一个有趣的小插曲。

原来，第一营医护站的担架兵回去接戴斯蒙德时，发现人不见了，于是回去报告说他在作战时阵亡了。消息传回林奇堡市，还上了报纸，但戴斯蒙德在腿部及手臂动过手术后，曾请护士帮他给父母写了封信，并把信寄回家。

报纸刊出"戴斯蒙德·道斯在战斗中阵亡"消息的第二天，道斯妈妈照样去鞋厂上班。同事见到她，不禁大吃一惊："道斯太太，你的孩子战死了，你怎么还有心情来上班？"

"他没死啊！他只是受了伤，躺在医院里休养，但他没事的。你看，我们昨天还收到他的信呢！"第二天，报纸刊出了更正启事。

戴斯蒙德被送往野战医院。医生检查他手臂及腿部的伤，说："道斯，等我们针对你的伤口做过初步的处理后，会把你列入送回国的名单。"戴斯蒙德心想，受伤倒是有这个好处。

戴斯蒙德动了个手术，将腿中的 17 块榴霰弹碎片取出，并将受伤的手臂套上沉重的石膏模固定。

手术后，他被送上医疗船，这次是往东开。

医疗船将他送往关岛，一架飞机再把他载到夏威夷。"我的手臂很痛，而且闻起来超难闻。"戴斯蒙德告诉照顾他的护士。

"好，我们会请医生帮你看看。"护士表示。医生得先把石膏模割开一小块，才能看到里面的情形。结果他发现，他们在包扎时，竟让纱布绷带穿过了骨头，因此造成了手臂的感染。看到戴斯蒙德的伤口，医生用了些很贴切的词来咒骂某位在冲绳帮戴斯蒙德处理伤口的战地医生："要是他是位兽医，我连我的狗都不会带去给他看！"他气炸了。

"医师，请问有没有什么方法可以让这石膏模变舒服一点儿？它实在是重得要命，而且会让我的身体有点歪。"戴斯蒙德趁医生检查他的手臂时问。

"嗯，它的确有点变形了。要是它变形得更厉害，我们可能得换一个新的。"

戴斯蒙德于是每天密切观察，没多久，石膏模真的严重扭曲了。于是，他们把原先的笨重石膏模拆下，改装上一种新型的支撑装置，这种装置由数条金属片构成，外覆棉布，因此有个别名叫作"飞机支架"。医生把戴斯蒙德的手重新处理后，他感觉好多了！他继续踏上横越太平洋的返家旅程。

第15章

回家

"亲爱的，我到家了！好吧，也不算到家，不过我回美国了。我现在人在西雅图，不确定何时会回到弗吉尼亚州，但会尽快。"戴斯蒙德在电话里说。

戴斯蒙德抵达西雅图时，得知他有一通免付费电话可打，他当然是打给多萝西。不过，她在哪里？自从他受伤后，她的信件就断了。他知道她现在在诺福克教书，但现在是暑假啊！于是，他打回里士满。舒特妈妈说，多萝西在华盛顿传道学院修读暑期班的课程，因此他又打到华盛顿特区。

戴斯蒙德的这通电话，多萝西已经等了很久。听到他的声音，她雀跃不已。尽管他曾写信告诉她近况，但无法与亲耳听到他的美妙声音相比。

"嘿，亲爱的，我爱你，听到你的声音真好。戴斯蒙德，我想去西雅图看你，可以吗？"多萝西问道。

"可是，宝贝，连我自己都不知道会在这里待多久。我听他们说，要送我回离家不远的某个地方，我觉得你要不等我到那里再说。"戴斯蒙德回答。

几天后，他到了北卡罗来纳州的阿什维尔，住进史万诺医院。他的父母来探视他，戴斯蒙德见到爸妈很开心，可是他还是没见到多萝西。他们急着想见到对方，于是，戴斯蒙德又打了通电话给她。

"戴斯蒙德，我想去阿什维尔找你，我暑期班的课程大概还有两周，但我想现在就不去上课了。"多萝西说。

"亲爱的，我也很想快点见到你，这你是知道的，但我觉得，你暑假的课不要白上了。你先留在那里把课修完，时间会过得很快的。"戴斯蒙德劝她。

两人都同意这样做，不过，多萝西还是想办法提早几天考完了期末考试。

终于，多萝西回到了里士满的家，而戴斯蒙德搭上了前往里士满的巴士。舒特妈妈开车载多萝西到巴士站，戴斯蒙德终于能够伸出双手（好吧！只能算是"一只"健康的手），将多萝西拥入怀中，能再度见到彼此真是太好了！

由于戴斯蒙德的手臂里还留有一颗子弹，他被转往位于弗吉尼亚州韦恩斯伯勒市的伍德罗·威尔逊综合医院接受手术，医生把子弹取了出来，不久后石膏也拆了。终于，他觉得自己又像个人了。

有一天，医院指挥官来病房探望他。"你准备好去华盛顿特区了吗？"他问道。

"什么意思？"他反问。

"我们要带你到华盛顿特区领取荣誉勋章，而且还是用我自己的公务车载你去！你太太能跟你一起来吗？还有令尊、令堂，我们希望他们也能一起来。"

这真是太令人惊喜了！而他们在华盛顿特区停留的那段时光

也充满惊喜。关于这位即将获颁荣誉勋章的弟兄的故事，早已传遍了各地的复临教会。他的照片和事迹甚至刊登在教会的官方刊物《评论与通讯》上。复临教会位于华盛顿特区的全球总会有几位干事参加了于1945年10月12日在白宫草坪上举行的颁奖典礼。典礼上，杜鲁门总统将那系着蓝色缎带的奖章挂在戴斯蒙德的颈项上，典礼中也宣读了他的获奖事迹。

离开华盛顿的同时，戴斯蒙德也获准到弗吉尼亚州的里士满休假，这休假已经拖了很久了。由于没有回伍德罗·威尔逊医院的必要，他便去里士满的陆军医院，问是否可以转院到他们那里。"你可以在这里提出病假申请，就不用再回去了。"他们这样告诉他。

"我不能这样做，我没生病，这样是欺骗！"戴斯蒙德诚实地说。于是，他又回到伍德罗·威尔逊医院，后来才被转院，成了里士满陆军医院的病人，但同时在该院的水疗中心服务。他很喜欢他的工作，不过他发现，尽管他早上的时候感觉精神还好，但到了中午就累到难以为继。

"戴斯蒙德·道斯，你能不能到我们的教会——营队、青年大会来分享你的经历？"自从获得勋章后，他不断收到这样的邀约，他发现自己总是风尘仆仆地赶来赶去，特别是在周末。

有一周，他本来受邀去加利福尼亚州参与一场青年大会，但觉得累到快要虚脱，而且不断剧烈地咳嗽，于是，决定去看军医。

"医师，我咳嗽一直好不了，而且老是觉得很累。"戴斯蒙德告诉医生。

"你最近在忙什么事情，忙到把自己弄得很累？"

"我周末会到全国各地演讲。"他告诉医生自己获得荣誉勋章的事，以及为何要在全国四处奔波，"我这个周末本来要去加州的，但现在觉得好像不行了。"

"看来，你需要医嘱才能够在家休息。你这周最好别去了，待在家里休息吧！"医生说。戴斯蒙德于是取消了这次邀约。接下来的一周，戴斯蒙德的胸部开始剧痛，于是，又去找上次那位医生。

"我想我们最好照张胸部 X 光片，看看是怎么回事。"医生说，并安排照 X 光片；戴斯蒙德就等着结果出来。

"道斯，你得再照几张 X 光片。"医生告诉他。等医生将该照的都照完，拿到结果后，他说："道斯，我们要把你转往另一个病房区，你得住院。"事实上，他是被转到另一个病房区的个人病房。

到底是怎么回事？戴斯蒙德后来终于得到了答案——他感染了肺结核！因此，他得待在医院，不能离开。于是，他打电话给多萝西："亲爱的，我现在在医院，他们不让我回家，我刚发现我得了肺结核。"他非常沮丧。

"天哪，戴斯蒙德！为什么偏偏是这个时候？！我们才刚要开始稳定下来，过正常生活，而且我还怀孕了！"戴斯蒙德除了说"宝贝，我很抱歉"以外，也不知道该说什么。

戴斯蒙德尤其难过的是，多萝西必须在规定的时段才能见他，但因为她在教书，那段时间不可能来，于是，他向医生说明这种状况。医生说："这你别担心，我会帮你们安排，让她随时都可以来看你。"

戴斯蒙德想起，在太平洋战区时，他有时会久咳不愈，有时则累得无法跟上战友的脚步，他把这些情况告诉医生，并问："我是不是那时就感染了肺结核？"

"很有可能。"医生回答。

接下来的五年半，戴斯蒙德大部分的时间都在荣民医院度过。如果要仔细描述那时发生了什么事，得另外写一本书。不过，有几个片段很有意思，倒是值得一提。

他一开始是被送到科罗拉多州的菲茨西蒙斯医院接受治疗的，该院治疗肺结核的技术素有赞誉。然而，戴斯蒙德渴望多萝西的陪伴，何况他也很不放心她，因为多萝西那时又回学校教书了，戴斯蒙德知道她追求完美，可以为了准备第二天的课程，半个晚上不睡觉。但她现在毕竟有孕在身，戴斯蒙德因太过担心多萝西，自己的健康也开始走下坡路。

菲茨西蒙斯医院有位达特医生是复临教会的教友，他的堂兄弟阿尔查·达特在教育界服务，是多萝西的上司。达特医生写信给阿尔查·达特长官，告诉他："戴斯蒙德比你更需要多萝西。"于是，多萝西就"刚巧"被调到了科罗拉多，而戴斯蒙德的病况也好多了。

———— ★ ★ ★ ★ ★ ————

录音带

戴斯蒙德之前在北卡罗来纳州阿什维尔住过一阵子，有许多那一带的复临教友来医院探视他，其中有两位在安息日下午来访。"有没有什么我们可以帮上忙的？或者有什么东西要我们带给你？"他们问道。

"我希望能够有一些钢丝录音带（wire recording，为卡式录音带的前身），以及一台可以播放的机器，帮助我打发时间，安息日时还可以听讲道。"

"我家里好像有一台录音机，可以先给你用。"其中一人表示。他把录音机带来，里面也有很多段录音，可以放来听。于是，戴斯蒙德得以享受这些录音，有时还会跟旁人共赏里面的音乐。

———— ★ ★ ★ ★ ★ ————

香烟与牛奶

有一次，一个外号叫"甜心"的人来看他。"甜心"是医院的护士长；她是所有病人的"甜心"，而所有病人也都是她的"甜心"。

"甜心，你真的希望我们好吗？"戴斯蒙德问。

"那当然！为何这样问？"她疑惑地问。

"嗯，这里的香烟是免费的，病人爱抽多少就抽多少，但你也知道，香烟对人不好；可是，院方却想要减少牛奶的供应，这好像有点奇怪。"

"甜心，"她安慰地说，"你会拿到你的牛奶的！"

───── ★★★★★ ─────

治疗

治疗期间，戴斯蒙德做过许多次 X 光、支气管镜，以及其他的治疗。他的两片肺叶都被结核菌感染，但左肺的情形更严重。支气管镜的作用是扩张他的支气管，让他的呼吸顺畅些。医生大约每两周给他做一次支气管镜，做完后，接下来的一周他会持续吐血，等他开始舒服些后，下一个疗程又开始了。

有一天，戴斯蒙德再次被带到检验站做抽血检查（他纳闷自己身上是否还有血可抽）。检查完，他被带到手术部门。"现在是什么状况？"他问道。"上级有令。"医院的勤务兵只说了这几个字，就闭上了嘴巴。

后来，一位医生来到候诊区。他表示："我想你应该知道你为什么会在这里吧！"

"不，我不知道。我正试着找出原因。"戴斯蒙德说。

"等我一下，我来跟你解释。"过了一会儿，他走出来，把 X

光片拿给戴斯蒙德看，并向他解释，他们必须将他的左肺切除。

"要是我不动这个手术，存活的概率有多大？"戴斯蒙德问。

"零！"医生直接说。

"要是动手术呢？"

"一半一半。"

"医生，可是我吃素。"戴斯蒙德告诉医生，心想这会不会提升成功的几率。

"道斯，你如果没有配合高蛋白饮食，是不可能撑过这次手术的，而要获得足够蛋白质，唯一的方法就是吃肉。"

"医生，我决定接受手术，但还是不会吃肉。不过我会摄取大量的牛奶、鸡蛋，还有干酪。我自己会买黄豆吃，此外，他们也会每天给我半罐黄豆。这样还不够吗？"

"我不敢说，"医生说，"不过你要是坚持这样做的话，我们只能试试看了。"这答案还真令人丧气！戴斯蒙德心想。

"我的手术是哪一天？"他突然大声问。

手术排在约两周后。

手术当天，复临教会的罗奇长老、多萝西，以及戴斯蒙德的父母都来了。然而，勤务兵比原先预计的时间提早了一个小时把他推进手术房。因此，等大家都抵达时，护士们已经帮戴斯蒙德做好术前准备了。但当他听到他们来了，还是坚持要在手术前先跟大伙儿一起做个祷告。

手术结束后，戴斯蒙德得知，他对手术的反应是所有接受过同样手术的病人中最好的，而且他的脊椎也是所有人里面最挺直的，每个在手术现场的人都可以证明这一点。

当时正值医生们尝试将抗生素用来治疗许多病症的年代，包括肺结核。他们也用抗生素治疗戴斯蒙德。然而，抗生素的使用仍在试验阶段，没有人能掌握精确的用量。戴斯蒙德记得，其中有一种是口服的药，非常难吃，吃了会想吐；另一种是通过皮下注射，打完痛得不得了，没办法坐下。不过这些抗生素的确有效，很快他的检验结果就都转呈阴性了。

"医生，我一直耳鸣，为什么会这样？"他有一天问医生。

"也许是对抗生素起了些小小的反应，应该很快就会消失了。"医生回答。

然而它并没有消失，不只如此，戴斯蒙德还发现他的听力越来越差了。接下来约有 25 年的时间，他的听力渐渐消失，一开始，助听器还有帮助，到后来，就算戴上助听器，他也无法听到别人在说什么。

医生们告诉他，他的听损问题无疑是当时抗生素还在试验性阶段，医生未能掌握适当用量所造成的后果。

第 16 章

道斯医护营

"我知道我们已经有很多医疗青年团的训练课程，可以帮助即将被征召入伍的男生。不过，我们这次要不要尝试办个全国性的营队，提供优良的训练课程，以装备这些男生？你也知道，很多人住的地方附近并没有医疗青年团的据点。"身为征兵处干事之一的科纽尔·迪克，向他的老板卡尔莱尔·汉斯提出建议。

"听起来是个好主意！"汉斯同意，"而且我还想到可以在哪里举办了，我猜密歇根区会的会长应该会答应，借给我们使用格兰列治附近的野营聚会场地。你也知道，我以前当过他们的会长。"

他们也讨论了该给这个营队取什么名字。"记得那位获得荣誉勋章的小伙子吧？他的名字叫戴斯蒙德·道斯。我们何不就把营队取名为'戴斯蒙德·道斯医护营'？"汉斯建议道。所有人都欣然同意。

这个名叫"道斯医护营"的营队如他们所愿，在密歇根州落脚了。戴斯蒙德去帮了很多次忙，除了协助营内事务，还向报名营队的小伙子们演讲，为他们加油打气。

戴斯蒙德接受结核病治疗期间，多萝西的身心都面临极大的煎熬（当时也有一些其他的事情给她压力），结果，她精神崩溃了。她觉得自己永远都无法做任何有意义的事了，甚至连操持家务都不行。

在一位过来人的建议下，戴斯蒙德带多萝西来到位于佐治亚州怀尔德伍德市的一家诊所。那里的医护人员用营养的食物、运动，以及充分的休息来帮助病患重拾健康。多萝西以病人的身份住进去，在那里待了超过一年。那段时间，戴斯蒙德去上班时，戴斯蒙德的父母和姐姐奥黛莉就帮忙照顾戴斯蒙德和多萝西刚出生的宝宝汤米，戴斯蒙德几乎每个周末会开车400公里去探望多萝西。

某个周末，多萝西以及其他人建议戴斯蒙德跟他的长官请个假，来怀尔德伍德待一段时间。他可以在这里找找营缮的相关工作，就不用周末来回奔波。他决定接受这个建议。

有一天，怀尔德伍德的同事库柏问他："戴斯蒙德，有位泰瑞太太要在守望山上盖一座学校，你要不要跟我们大家一起上山，帮她盖校舍？"

"我想我应该会去，也会为这件事祷告。"他回答。于是，戴斯蒙德带着汤米来到了离怀尔德伍德约32公里远的守望山，他工作时，库柏的太太伊迪斯就帮忙照顾汤米。

戴斯蒙德在山上找到一块约两公顷的地，地上还有一间小小的、有着三个房间的老旧木屋。这屋子真是够破旧，下雨时，戴斯蒙德得在屋内各个角落放置小平底锅，以承接屋顶漏下的雨水；刮风时，地板上铺的油布则会上下跳动。他拿他的军人保险理赔金于1955年买下了它。尽管多萝西这时的情况比较好了，但对于戴斯蒙德购屋的决定仍不太高兴，因为她还是觉得自己无法操持家务。她真是大错特错！后来的事实证明，她不但能打理一个家，还修完了护士执照的课程，拿到了学位，甚至得到了护理学士的学位。

戴斯蒙德在原本三间房间的四周继续增建其他房间，最后房子变得大多了。戴斯蒙德和多萝西终于安顿了下来，他们很快就把这房子当作家了。

—— ★ ★ ★ ★ ★ ——

这是你的人生

"戴斯蒙德您好，我是克拉克·史密斯。"戴斯蒙德接到复临教会兵役征兵处史密斯牧师的电话有点惊讶，不知他为何打给自己。"我们刚好有个机会，要拍摄一部影片帮助我们的士兵，希望能邀请你来分享你的故事。我们觉得要是你能亲自来加利福尼亚州一趟，在影片里说一段话，一定会为影片增添更多意义。"

"克拉克，我可能要再想想。我已经去过很多地方演讲，刚好最近家里的井又坏了，我得把它修一修。况且，你知道约瑟芬·爱德华兹（Josephine Edwards）正在写我的故事，我必须待在这里，因为她可能随时会找我问问题。"

"噢，戴斯蒙德，可是这个机会真的很难得。我有没有跟你说有位男士愿意赞助影片制作过程的全部费用？这可不常发生，我觉得你可以把爱德华兹的电话给我，我来打给她，问问看如果你离开几天有没有关系。我们真的很需要你，考虑一下吧！"克拉克说。

戴斯蒙德放下话筒，转头跟多萝西简单地说明了一下情况，征询她的意见。"我觉得你应该去，戴斯蒙德。"这是她的建议。

戴斯蒙德踏上了前往加利福尼亚州的旅程。这次是搭火车而不是飞机。票是克拉克·史密斯帮忙安排的，他告诉戴斯蒙德，因为节目需准时开拍，要是他转车时有任何延误，一定要马上通知他们。他转车时真的有班车差点没搭上！

克拉克·史密斯和复临教会东南加利福尼亚州区会的会长狄斯·康明斯来车站接他。他们去领取行李，却扑了个空——行李没有跟着一起运到！而当天晚上就要跟节目制作单位会面了。

"没关系！"克拉克说，"我们会去几家销售军人用品的商店，看能不能找到我们要用的东西。"

尽管他们花了很多时间寻找到一套好的军装，不过还来得及去一家自助餐厅吃晚饭。克拉克和狄斯似乎很怕戴斯蒙德会吃不饱，拼命往他的餐盘上夹食物。他忍不住抗议："喂，各位，我哪吃得下那么多！"

"你能吃多少，就尽量吃。"他们要他别担心，戴斯蒙德不晓得，这种种安排其实都是为了拖延时间。

很快，出发前往工作室录制节目的时刻来临了。一位男士来旅馆接他们，稍早他们已经帮戴斯蒙德办好住房手续。戴斯蒙德已经换上新买的军装，大家都觉得他穿起来很好看。

到了工作室，司机才驶近大门，门房马上就把门打开。见戴斯蒙德的表情似乎有点惊讶，司机表示："没事，因为我在这里工作。"

戴斯蒙德先是被带到这栋建筑物后方的一个房间，不过很快就来到了讲台前，通过录影的方式向士兵们说话。他才刚开口，就有一名男子进入工作室打断了他。

"这是怎么回事？"戴斯蒙德觉得很纳闷，"为什么我在讲话，他要打断我？"另一方面，戴斯蒙德也没看过人上电视化妆的样子，只觉得那人看起来有点滑稽，像个小丑。

男子很有礼貌地说："来自佐治亚州莱辛峰的戴斯蒙德·道斯，也是荣誉勋章得主，你上了《这是你的人生》节目，我是拉尔夫·艾德华兹。"

戴斯蒙德不敢相信自己所听见的。但他很快就发现，他现在是在一个舞台上，对着数百名观众讲话。拉尔夫·艾德华兹向观众简述了戴斯蒙德的从军经历，以及他做了什么事，为何会获得荣誉勋章。

这场电视访问把受邀贵宾的许多朋友及认识的人都一起请来了。戴斯蒙德军中的三位朋友也来了，科尼少校、布理斯特，以及佛列德·卡尔。姐姐奥黛莉·米勒以及弟弟哈罗德也来了，他的父母亲——托马斯及伯莎·道斯也在那里。最后还有一个亮点：连多萝西都带着儿子汤米来了，真是个惊喜！但也令他神经紧张到爆表。戴斯蒙德跟拉尔夫·艾德华兹说："哇！这比打仗还恐怖！"

节目单位送给了他们很多很棒的礼物：一把桌锯、一台附有相关部件的小型园艺用拖拉机、一台福特艾德索（Edsel）旅行车，甚至还有一笔钱，让他们在守望山除了原有的两公顷，还可以买更多土地。当晚，戴斯蒙德和亲友团还接受招待，在饭店里享用了一顿美妙的晚餐。

这时，戴斯蒙德慢慢把最近发生的一连串的事都连贯起来了。之所以要他搭长途火车来，是为了让亲戚们——尤其是多萝西和汤米有充足的时间飞到加利福尼亚州；为何多萝西会鼓励他去，他也懂了——她已经知道《这是你的人生》节目邀请的事了；他也明白了为何克拉克·史密斯会打电话邀请他，以及为何他们说没有足够的时间让他去造访他最喜欢的宗教广播节目《预言之声》的办公室了，因为那里的某个人会让整个计划提前曝光，而这件事必须要对戴斯蒙德保密，不然节目无法播出，拉尔夫·艾德华兹会用其他节目内容替换。

他还得知，帮他写书的约瑟芬·爱德华兹一直在把访谈所得到的讯息透露给拉尔夫·艾德华兹，供节目使用。她是一位很受欢迎的作家，也是复临教会的信徒，就是她向拉尔夫建议邀请戴斯蒙德上他的节目的。不过，节目播出后不久，约瑟芬的丈夫就去世了，她因此无心完成这本书。于是，她将写书的计划交给了另一位作者——布登·亨顿（Booten Herndon）。布登后来完成了这本名叫《平凡的英雄》（*The Unlikeliest Hero*）的著作。

还有件事也值得一提。上节目让戴斯蒙德进账不少，从那时起，他们的经济情况改善了许多。

——— ★ ★ ★ ★ ★ ———

土地

大约在此时，戴斯蒙德开始明白，由于得过肺结核，切除过一片肺叶，他已无法像正常人一样一天上 8 小时的班。他征询过好几位医生的意见，也向美国退伍军人事务部的人问过，最后被认定为永久残障身份。

因此，接下来约有 15 年的时间，戴斯蒙德都是在自家的土地上工作。这片土地本来约两公顷，靠着《这是你的人生》的节目酬劳，他又买下一片土地，所以现在总共是 5 公顷多。新买下的这片土地主要是树林，树林里有许多美丽的野花及绿色盎然的苔藓类植物。某年冬天有次猛烈的冰风暴来袭，许多树都倒了，后来他清除掉枯枝落叶，县政府也来盖了座水坝，于是，他们的土地上就多了一座可爱的小小湖泊。

周末时他也常应邀到各地演讲，有时甚至一去就是一周。他的听力不好，但还应付得来，邀请机构或公司会支付他的旅费。针对演讲本身，戴斯蒙德不收取任何酬劳，但他会提起守望山上正在兴建一座小教堂的事，因此常常有人为此奉献，戴斯蒙德会将奉献的款项拿去购买教堂所需的建材。他只要在家，就会投注大量精力盖那座教堂。如今，有座美丽的小教堂，坐落在守望山上。

戴斯蒙德协助建造的守望山小教堂

第 17 章

失聪与人工电子耳

"我想我还是把浴室的门锁修一修好了。"戴斯蒙德心想。他找出了所需的工具，开始动手。当时是1976年，多萝西已经成为一名专业的护士。今天她去上班，不过也快回来了。

突然间，戴斯蒙德感到一阵晕眩。"我是怎么了？"他喃喃自语，"还是去躺一下好了。"这时，多萝西下班回家了，她发现前院门口聚集了一些人。

"我们是来看戴斯蒙德的，"他们说，"我们知道他在里面，可是按门铃没有回应。"

"我进去看看是怎么回事。"她说。她进到屋里，发现戴斯蒙德躺在沙发上。"怎么了，亲爱的？"他没回答，看起来满脸疑惑。

"戴斯蒙德，你是不是听不到我讲话？"她知道戴斯蒙德的听力有问题，多年来她已习惯了他不太能听到声音这件事。不过，他通常还是能听到一点点并做出回应的，然而，这次他却没有做出任何回应。他又用那种疑惑的表情看着她，他以为她失声了。接着，他摇了摇头。

两人同时突然醒悟到：戴斯蒙德彻底聋了，他什么声音都听不到了！当时已经是下午了，但戴斯蒙德仍决定马上到亚特兰大的荣民医院，看看他们有没有什么办法帮他。去医院的路上，他在佐治亚州卡尔霍恩的区会办公室停留了一下，把刚完成的教会司库报告（编按：司库为教会中负责管账的人）交给他们，并告诉他们他已全聋，然后就继续往亚特兰大的方向前进。

"我们晚上会先安排你住进一家旅馆,明天再请医生帮你看一下。"荣民医院里的人这样告诉他。

"我不要这样!"戴斯蒙德说,"我已经全聋了,现在就需要找医生。"

一名叫贝丝的志愿者特别照顾戴斯蒙德,帮他安排了一张病床,并让他当晚就能就诊。医生帮戴斯蒙德检查后,诊断是"神经性耳聋症",为他打点滴,希望能保留住那些尚能起到作用的神经,然而这些做法都没能真正解决问题,他只好回家。他面对的是一个几乎无声的世界,只能听到一点点像是噪音的声音,但无法辨别那噪音代表什么。

接下来的 12 年就是这样度过的。多萝西必须把每个要给戴斯蒙德的讯息写下来,不论是在家里、教会,还是其他地方。"亲爱的,我是你的导'聋'犬。"多萝西这样告诉他。

为了这个病,戴斯蒙德得放弃很多事情,包括教会的服侍。他是教会的首席长老以及司库,在丧失听力后,他已无法胜任这些职务。

"戴斯蒙德,可以请你继续担任沃克县救援队的队长吗?"救援队的伙伴问道。这真是个好问题,毕竟戴斯蒙德已担任沃克县救援队的队长多年,并在任内建立了高素质的团队及完善的设备。

只要是与洞穴相关的紧急事故(那一带常发生),戴斯蒙德一定亲自到现场,他不会叫任何一位伙伴去冒他自己不愿意冒的险。

有一次，救援队要去营救几位困在洞穴里的人员，他们把人救出来了，但有两人因吸入过多有毒气体，回天乏术。这些有毒气体也让戴斯蒙德的呼吸极度困难，他被送医急救，差点因肺炎而失去生命。

"不行！我如果听不见，是无法胜任队长的，我想我得交棒给你们了。"他做出了回答——要放手还真不容易。

许多年就这样过去了。大概是在 20 世纪 80 年代中期，戴斯蒙德听说了一种人工电子耳的装置，感觉它应该是针对那些完全失聪的人设计的。

"亲爱的，你能不能帮我打电话问问荣民医院，他们有没有听说过人工电子耳这种东西？"戴斯蒙德拜托多萝西。

多萝西给医院打电话。是的，他们听说过人工电子耳，但也不是很了解，不过他们承诺，会记住戴斯蒙德有这个需要，如有进一步消息会主动跟他联络。

几周后，医院打来了电话，说他们计划送他到位于康涅狄格州西黑文的荣民医院接受诊治，那里的医生正在挑选合适的病人，为他们植入人工电子耳。这次戴斯蒙德是自己单独前往的，多萝西并没有同行，这让他有点想念她，通常她都会陪着他出门，但她这次无法随行。还好荣民医院把所有戴斯蒙德需要知道的讯息都打在纸条上，他只要拿给航空公司的人、计程车司机，以及其他戴斯蒙德需要寻求帮助的对象看就可以了，靠着这些纸条，戴斯蒙德顺利抵达了西黑文。

尽管戴斯蒙德已失聪，几乎无法听见任何声音，荣民医院的医生却说，他的情况好很多，并不是人工电子耳所要针对的对象。他们给了他功能比较强的助听器。可是，事实证明，助听器对他并没有任何帮助。

他带着沮丧的心情回家。"我现在该怎么办？"他问多萝西，但她也没有答案。

那年的荣誉徽章得主大会在加利福尼亚州的橘郡举行，大会每两年举行一次，地点遍布全美，航空公司会提供免费机票让得主及他们的太太搭乘飞机到大会地点，于是，戴斯蒙德和多萝西来到南加利福尼亚州。

"我们到了那里后，一定要跟朵特·莱德见个面。"多萝西跟戴斯蒙德说。朵特是多萝西的表亲，住在加利福尼亚州的格伦代尔。

他们在大会结束后多停了几天，去拜访了朵特。聊了两句后，朵特说："我有些住在罗马琳达的朋友还没有见过戴斯蒙德，我们要不要下午去找他们？"戴斯蒙德就这样来到罗马琳达医疗中心。

跟戴斯蒙德会面的是医疗中心里的数位知名医生。他们建议戴斯蒙德："我们看能不能把你转到听力科，帮你检查一下听力。"神奇的是，他们竟然第二天早上就帮戴斯蒙德排到看诊检查。

进行听力检查时，戴斯蒙德问医护人员："请问你可以告诉我人工电子耳是怎样的技术吗？"

"人工电子耳在我们这里是常见的手术，我们经过评估后，如果觉得能够改善病人的听力就会做。不过，由于每个人的情况不同，我们会先针对病人的听力问题做仔细的检查。"

检查完戴斯蒙德的听力后，他们告诉他："依我们的判断，你是做人工电子耳的合适人选。不只如此，我们经过仔细的讨论，并和上级请示过，他们同意全额赞助这次手术的费用，以感谢你对国家的奉献。"

戴斯蒙德简直不敢相信。不过，还有一个问题没解决：人工电子耳的维护及保险费所费不赀，这方面的费用退伍军人事务部没答应帮忙支付。

于是，戴斯蒙德和多萝西先回佐治亚的家，继续筹措费用。后来，退伍军人事务部大方地同意支付电子耳的维护及保险费用，因此这个问题算是解决了。然而，他们还差往返加利福尼亚州的旅费。几个位于查塔努加的军方组织，包括美国残障退伍军人组织、海外作战退伍军人协会以及由退伍军人事务部部长拜恩特·库克领导的"紫心协会"都展开了募款活动，筹措他们前往罗马琳达的旅费以及在那边的生活开销。

"我们非常感谢各位的慷慨捐赠，以及对我们还有我们所遇到的问题的关心与协助。"戴斯蒙德和多萝西告诉他们。

为戴斯蒙德及多萝西筹募到的款项，在一场美国残障退伍军人组织的公开聚会中交给他们。聚会中，有人告诉戴斯蒙德，说外面有人找他。原来，又有一个惊喜在等着他，多萝西的妹夫罗伯特·杰森给了他一把钥匙，说："这是我妈妈罗马琳达家里的钥匙。她这阵子不在家，她说，你们来的时候可以住在她家，只要帮忙付水电煤气费，并帮她把她的小公寓出租出去。"等戴斯蒙德到了罗马琳达，看到那里房子的租金行情时，才知道这真是天上掉下来的礼物。

搬进那栋离罗马琳达医学中心仅两个街区的小房子后，戴斯蒙德到听力部门报到。他做了更多检查，并跟负责手术的容医生有了更多的讨论。当然，容医生那方的想法都写在了纸上，不过戴斯蒙德已经习惯了。

"你看，道斯先生，我们会把装置放到你耳朵后方，也就是耳蜗的位置。用非专业用语来说，就是把神经接到你头里面的一块磁铁上，然后，我们会把另一块磁铁放到你头外面对应到头里面那块磁铁的位置。声音会经由电线传到一台小电脑，这台小电脑你可以放在口袋里随身携带。电脑上面有按钮，可以让你调整到听得最清楚的状态。"

"容医生，老实讲，您觉得这会有帮助吗？"戴斯蒙德问。

"我很难跟你保证，因为耳朵是很复杂的器官，但我对你蛮有信心的。"容医生说。

戴斯蒙德的手术排在1988年9月。戴斯蒙德和多萝西的儿子托马斯当时在夏威夷，为了爸爸的手术也飞了过来。戴斯蒙德被推进手术室，麻醉师正要为他麻醉时，突然停了下来，等了15分钟才又开始。然后，他又停了下来，这次更久。

戴斯蒙德纳闷发生了什么事，但他"听"不到任何解释。后来他才知道，手术时，医院发生了一件极罕见的事：天降大雨，雷电交加，造成医院停电。尽管医院有自己的备用发电系统，但还是要稍微等一下才会发挥作用，而手术小组不希望让戴斯蒙德的手术发生任何闪失。

多萝西的弟弟哈罗德·舒特医生的儿子戴尔当时正在罗马琳达医学中心实习。有戴尔到手术室陪伴，戴斯蒙德宽心不少，戴尔同时也持续向家属休息区的多萝西和托马斯报告戴斯蒙德的最新状况。

戴斯蒙德醒来时感到头很痛，而且头被卡在一个僵硬的模子里，动弹不得。"真的是蛮难过的，感觉我的头好像肿到快把模子撑破了。"他这样跟多萝西和托马斯形容，"不过，我还是很高兴，至少手术终于做完了。"

"我们也是！"他们都同意。

一个月后，该是移除石膏模，并将头上的磁铁接上，测试是否正常运作的时刻了。

琳达·泰尔这位非常能干的女士通过戴斯蒙德头上的电脑将颅内的电子耳调好，小心翼翼地将耳机放到戴斯蒙德的耳朵里。

"戴斯蒙德，这耳机只是为了固定电子耳，不像助听器要通过它来听到声音。现在我要将一块磁铁，就是这圆圆的东西放到你头上对应头颅内磁铁的位置，你可以用手指头感觉一下。整套装置已经和一台小电脑连接，你可以把小电脑放在口袋里。现在，你准备好了吗？"琳达边说边写给戴斯蒙德看。

"我想我已经等不及了。"戴斯蒙德答道。

琳达把外部的磁铁安放到内部的磁铁上方。"戴斯蒙德，你听得到我的声音吗？"琳达期待着戴斯蒙德的回答。

他的眼睛登时亮了起来！"当然！"惊喜之情溢于言表。12年来，这是他第一次重新听到声音。多萝西、容医师，以及其他对这手术有兴趣的人都一同目睹了这一幕，大家不禁拍手叫好，现场满溢兴奋之情。

不过，事情不是就这样解决了。医生之前告诉他："电子耳永远不会像助听器那么好，助听器能让你听到你听得懂的声音，而电子耳则是尽管能让你听到声音，但不是你熟悉的声音，你得自己把它转译成你听得懂的语音。"戴斯蒙德后来发现的确如此。

琳达·泰尔花了很多时间指导戴斯蒙德使用电子耳的方法。她会告诉他，他表现得有多棒，并用一切可能的方法鼓励他。

尽管戴斯蒙德仍然无法听得很清楚，但这已经比什么都听不到要好太多了，他非常感谢能有这个机会接受人工电子耳手术。尤其当他睡前把耳机拿下，或电池没电的时候，他更是庆幸：还好有它！

戴斯蒙德和多萝西在 1986 年 5 月 2 日到 4 日间摄于南方复临大学。戴斯蒙德获颁该校的荣誉学位

———— ★ ★ ★ ★ ★ ————
光荣时刻

1986 年 6 月又有一桩惊喜。1985 年，位于田纳西州科利基德的南方复临大学的应届毕业生邀请戴斯蒙德参加他们的毕业典礼，并在典礼上致辞。来年，也就是 1986 年 6 月，学校决定给戴斯蒙德颁发该校的荣誉学士学位。于是，他和多萝西两人都戴上了学士帽，披上了学士服。戴斯蒙德走过讲台，领取他的荣誉学位证书，他是大学毕业生了呢！

有一天，多萝西在查塔努加逛一家二手商店的时候，发现了一座约 2.5 米高的自由女神像复制品。

"戴斯蒙德，来！你跟我到那家二手商店，我要给你看一个东西。"她跑到一家店里找到了戴斯蒙德。

多萝西带他来到自由女神像复制品的前面。对于这个当年军中他们第 77 师的精神象征，戴斯蒙德赞赏不已。不过，尽管它是二手商店的东西，价格还是蛮贵的。

"戴斯蒙德，我跟你说，"多萝西兴奋地说，"你又不抽烟，你就把买烟的钱拿来买下这个雕像吧！"戴斯蒙德听了太太的话，把雕像买回家。后来，一位名叫克里夫·强森的友人帮忙把塑像立在一个基座上。

他们挑选了一个日子，为塑像举行揭幕仪式，戴斯蒙德很多

戴斯蒙德和弗朗西丝位于守望山上的家。房子的地址尽管在佐治亚州，但邻近田纳西州，可看到前院有面国旗以及自由女神像

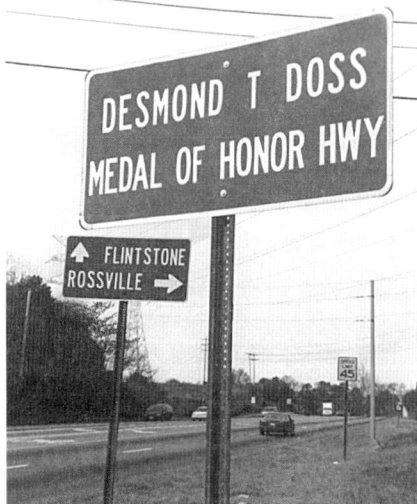

这段位于佐治亚州奥格索普堡市的公路于 1990 年 7 月 10 日举行剪彩仪式，公路以戴斯蒙德·道斯为名

军中的朋友以及其他人都来了。如今，他的自由女神像仍屹立在戴斯蒙德家的前院，成为游客拍照的热门景点。

佐治亚州奥格索普堡市（距离田纳西州的查塔努加不远）的市中心，是 2 号公路和美国国道 27 号交会的所在。2 号公路从这个交会点向西延伸到和 193 号公路相交处，这约 9.6 公里的路段是一条风景优美的四线道公路。

拜恩·杰克逊是名可爱的退伍军人，平生最热衷于为英雄及名人做些事情。他决定将 2 号公路夹在 27 号国道和 193 号公路之间的这 9.6 公里命名为"荣誉勋章得主戴斯蒙德·道斯公路"。

1990 年 7 月 10 日，是"荣誉勋章得主戴斯蒙德·道斯公路"剪彩的日子。在拜恩·杰克逊的统筹安排下，请到查塔努加当地电视台 WRCB-TV 的大卫·卡罗担任典礼的司仪，以及佐治亚州州长乔·哈里斯担任致辞贵宾。

典礼的最后，戴斯蒙德剪了彩，然后和多萝西坐上车，从这段公路的这一头开到另一头。戴斯蒙德觉得非常荣幸能有一条公路以他的名字命名，这还是佐治亚第一条以荣誉勋章得主来命名的公路。

第 18 章

悲剧

那年是 1982 年。

"亲爱的，我今天在胸部发现一个肿块。你觉得有没有可能是癌症？"多萝西有天晚上写了这段话给戴斯蒙德看。

"我当然希望不是，甜心。我想最好的方式是去找医生确认一下。"

多萝西于是跟医生约诊。几天后，报告出来了：真的是他们害怕的癌症。多萝西接受了外科手术且复原良好，于是回到医院，继续从事护理工作。

这件事发生不久，戴斯蒙德的母亲也被诊断出癌症，而舒特妈妈也得到同样的诊断。"看来这是我们的家族遗传，还真是可怕的遗传。"多萝西说。

由于道斯妈妈没人照顾，戴斯蒙德决定去林奇堡市照顾她。他实在不想离开多萝西，但当时（1983 年）她的情况还不错，而且她也鼓励他去。于是，戴斯蒙德接下来的六个月都待在林奇堡市，没有回过家，但多萝西来林奇堡市探望过他以及道斯妈妈几次。六个月后，道斯妈妈走了；大约在同一时间，舒特妈妈也走了。

1990 年，多萝西的身体开始出现异常。"是癌症吗？"这次，戴斯蒙德和多萝西的希望再度破灭，癌症已经转移了。接下来的一年对道斯家来说是难熬的一年。多萝西表现得很勇敢，甚至是开朗，但到了 1991 年秋季，癌症显然已经在她的身体里占了上

道斯家族于戴斯蒙德双亲结婚 50 周年纪念日的大合照。由左而右依次为：哈罗德及海尔达·道斯夫妇，奥黛莉及劳森·米勒夫妇，以及多萝西和戴斯蒙德·道斯夫妇，坐在前排的是他们的双亲

风。更糟的是，医生不但无法保证她能完全复原，就连她病情有无转好的可能性都不敢说了。

"甜心，我要怎么做才能让你少受点苦？"戴斯蒙德会这样问，因为他看到她的健康情况日渐下滑，明白她受了很多苦。

"按摩会有帮助。"她这样说。因此，戴斯蒙德会帮她按摩痛的地方，有时有效，有时没用。两人都开始明白这只是时间早晚的问题，便尽量不去想未来的事。

11月16日当晚，多萝西痛得不得了。戴斯蒙德像往常那样帮她按摩，但那天的按摩似乎没有帮助，而他真的很累！但他仍继续按，因为他希望趁她还在身边时，尽量为她做些什么。

最后，到了约凌晨四点钟，多萝西决定起身去冲个热水澡，觉得这也许能让她放松。戴斯蒙德实在是累坏了，她一下床，他就马上睡着了。当洗完澡爬回床上时，她感觉比较舒服，也比较放松了，于是也跟着睡去了。

戴斯蒙德那为聋人设计的震动式闹钟在早上七点摇晃了起来。尽管他几乎爬不起来，但心里明白必须在八点半带多萝西抵达医院，进行每天例行的一连串疗程。他打点好一切准备出门，然后去叫多萝西起床。"甜心，我真的很不想把你吵醒，但我们得走了，否则会来不及去医院。你要穿哪件？"戴斯蒙德问。

"把我的外套拿给我，我的衣服在这里。"她回答。

两人坐进他们的红色凯迪拉克。这是戴斯蒙德买过的最好的车，因为多萝西觉得它比小的车子安全。

戴斯蒙德把车开上公路。这条路往前开3公里就是尼克杰克路，这条路从守望山通往山谷，在快要转尼克杰克路的地方有个非常缓和的弯道，但在弯道和尼克杰克路之间，路的右侧有一个3米多的陡峭边坡。

戴斯蒙德并没有开很快，不过，因为他知道多萝西有点紧张，他还是轻踩刹车，把车速放慢一点点。这时，令人难以置信的事发生了！红色凯迪拉克突然完全失控打滑，并转向冲出边坡，在乘客那一侧摔落地面，多萝西的头在车顶和座位间被夹碎。她死了！

车子最后以旋转90度倒立的方式在一个电话亭前停住了。驾驶座的门被电话亭卡住，无法打开，戴斯蒙德并不觉得自己受伤，但他必须爬出去求救！这时，车子突然又向旁边歪了一点，刚好让他有足够的空间把门打开。他在战争时期已多次目睹死亡，他知道多萝西死了。

"小姐，"他按了附近人家的门铃，"我们发生了车祸，可否麻烦你帮忙打给911，我的耳朵听不到。"那位年轻的小姐太紧张了，说她无法打这通电话。

戴斯蒙德于是自己打给911，请他们派人救援并带救生钳来，因为他太太被困在车里，尽管他听不到对方在说什么，但至少知道他们听得到他的话。

那位小姐答应打电话给托马斯，他当时刚好从夏威夷回来看妈妈。警方和紧急救援小组很快就来了，但由于多萝西已死，他们在验尸官来之前没什么可以做的。经过悲伤、激动的两小时，戴斯蒙德失去多萝西了。

葬礼那天，似乎连天都同感哀悼，雨不停地落下，尽管下雨，还是有很多人来参加葬礼，大家都爱多萝西。送葬队伍抵达多萝西即将长眠的国家墓园时，走在队伍最前端的戴斯蒙德从山上回头，看见一辆又一辆车子爬上山坡，前往墓地。

然后，伤心、困惑的戴斯蒙德回到家。因为他耳朵听不到，平常都是多萝西在打点家里的一切事务，他搞不清楚家中物品的位置。这固然令人困扰，但最令人难受的还是他对多萝西的思念。

接下来的几个月很难熬，教会以及位于查塔努加的荣誉勋章博物馆的朋友，还有其他人都对他很好，但他还是感到极为失落。失去多萝西这件事本身已经是令人难以承受的，加上他又耳聋，更是雪上加霜。有时他会想，或许有一天他会再婚，但基于对多萝西及和她相处的回忆的尊重，他决定至少两年内不会这样做。何况谁会愿意嫁给一个耳朵听不见的人呢？他的脑海里每天都萦绕着这些心事。

第 19 章

重拾笑容

多萝西车祸身亡一年后，戴斯蒙德开始觉得他需要一个伴。尤其是一个朋友提醒他，多萝西不会希望看到他像现在这样孤单度日。

有一次戴斯蒙德和师母聊天，又讲到了他再婚的话题。戴斯蒙德说："我需要有人能煮顿像样的饭。我发现我真的没办法再这样下去了——一天吃罐头豌豆，另一天吃其他种类的罐头豆子；有时会煮几颗马铃薯，但也只是加点盐。如果能找到一个善于持家的人就好了，如果还会做一点家务的话，就一定胜过我现在的程度了!

"最重要的还是因为我听不到，需要一个人帮忙把讲道内容写下来。噢，对了! 我收到的大量信件也需要有人帮忙处理。"

师母发出轻笑："戴斯蒙德，你是在找太太，不是在选购一辆新车。"他们都笑了出来。但戴斯蒙德明白，因为自己的耳朵听不到，能够配合他的需要的女性不容易找。

—— ★★★★★ ——

野林

"野林"（Wildwood）是一间自给自足的私人机构，坐落在离守望山约 32 公里远的山下。他们正举行一个以医学为主题的研讨会，与会者来自各个不同的机构。

某个安息日的下午，戴斯蒙德来到了野林。尽管台上的人所分享的故事他听得不是很清楚，但会后他听见他们的人宣布，如果有人有兴趣跟厄尔·寇斯一起去探访自然，欢迎报名。戴斯蒙德决定参加活动。

当他们走在山径上，戴斯蒙德看到了一位女士似曾相识。该不会是苏·韦斯卡吧？他和苏早在第二次世界大战前就认识了。"她为何会来到野林？"没错，就是苏！两个老朋友高兴地交换着彼此的近况。苏告诉他，她先生最近刚过世，戴斯蒙德因而猜想，她来到野林的目的可能是为了散散心，走出悲伤。

"苏，你在这里做什么？"戴斯蒙德很有礼貌地问，尽管他认为自己已经知道答案了。

"噢，我在这里当志愿者。我很喜欢野林，这里的职员和志愿者都很好。"她答道。

健行结束时，苏告诉戴斯蒙德："你将来要是有兴趣参加野林的活动，我可以试着帮你把别人说的话写下来，拿给你看。"这主意真好！戴斯蒙德接受了她的好意。

"如果能找到合适的伴侣，我真的很希望再婚。"苏开始在脑海中搜寻那些参加野林活动的女性，看有无适合戴斯蒙德的。她确实知道几位寡妇，也许她们当中某人就是他未来的"那一位"。

有一天，她决定打电话到"快乐洞"——一对姐妹居住的货柜屋，她们的名字分别是弗朗西丝·杜曼以及多萝西·强森，她们的先生都已经去世，电话是多萝西接的。"两位小姐有没有兴趣认识戴斯蒙德·道斯？他很孤单。"

多萝西和苏讲了很久。弗朗西丝当时在她的房里，但听到了他们谈话的结尾，只听到其中一部分而已。

多萝西挂断电话，告诉弗朗西丝："苏想知道，我们两人有没有兴趣认识戴斯蒙德·道斯？"

"嗯，我有。"弗朗西丝有点不好意思地表示。

这时，弗朗西丝想起之前举行医疗研讨会期间，在一场会议结束时，她在教会的走道等着跟比尔·道尔打招呼。比尔是她的朋友，来自纽约的活泉教会。当时他正在跟其他人讲话，于是她在旁边等着。那时戴斯蒙德就站在附近，他也在等比尔。轮到他时，两人热情地拥抱彼此，并说了几句话，戴斯蒙德才离开。弗朗西丝看着他们，心想："真希望我能认识他。"也许，现在通过苏，她的愿望能够成真。

过了一阵子，某个安息日，苏和弗朗西丝造访了守望山上的教会。爱宴后，戴斯蒙德载两位女士去拜访玛格丽特·米勒——一位中风的姐妹。之后，他们又回到教会。当苏和戴斯蒙德在戴斯蒙德刚刚开的小货车里聊天时（他的车子刚好送修），弗朗西丝就在附近随便逛逛。

很快就到了两位女士要告辞的时刻。向来很有绅士风度的戴斯蒙德走到苏的车子驾驶座的另一侧，为弗朗西丝开启车门，然后再转到驾驶座那侧，要为苏开门。但在他伸手开门之前，苏靠过去，低声问他："你觉得她怎么样？"他突然想到，刚刚应该多注意那位女士，但他没有。

造访守望山约三周后，弗朗（弗朗西丝的简称）在位于特伦顿附近一座山谷的新英格兰复临教会教导安息日学。她想："何不找戴斯蒙德来分享他的故事？"她知道他不时会受到类似的邀约，但因为他听不见，她便趁着某天下午休假时，亲自到他家拜访，但他不在家，于是她留了个字条："请问你下周可以来新英格兰教会分享你的故事吗？"

他回电给她，说他会来（他还是能讲电话的，只是无法听到对方的声音），于是事情就这样说定了。

结果，周五下午开始下起雪来，是南方罕见的暴风雪。到了周六早晨，积雪已深达 30 厘米，且又继续下了一整天。那天没人能出门。戴斯蒙德也被困在他守望山的家中，而弗朗西丝和桃特（多萝西的简称）被困在她们在野林的货柜屋。戴斯蒙德打电话给弗朗西丝，告诉她不能去了。弗朗西丝说她也不会去新英格兰教会了，不过她猜戴斯蒙德可能听不到她说的话。

弗朗西丝后来留言给他："很遗憾上次下雪以致演讲取消。请问你愿意在下次轮到我当负责人时，也就是 4 月的第二个周六再来一趟吗？我们中午有一个午宴，如果你愿意，非常欢迎你留下来跟我们一起享用。另外，如果你觉得我可以的话，我愿意帮你

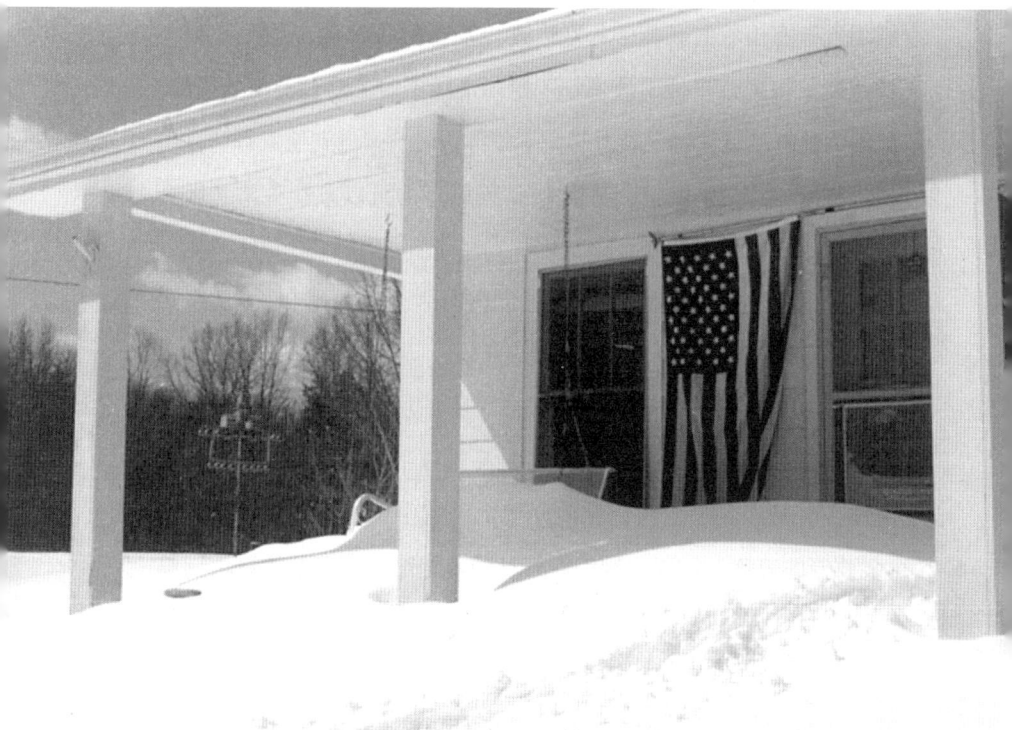

戴斯蒙德住家前的积雪。摄于 1993 年 3 月

把讲道内容写下来。"

戴斯蒙德回复了弗朗的留言："好啊，我 4 月很乐意去。对了，晚饭后，我们要不要去散个步，进一步认识彼此？最后，谢谢你主动说要帮我写下讲道内容，我相信你会做得很好。"

很久以后，戴斯蒙德才告诉弗朗，他当时就算见到弗朗本人都不确定能否认出她来，他在守望山那次对她的印象大概就仅止于此。不过幸好他在新英格兰教会见到弗朗时，还是认出她了。

———— ★★★★★ ————

探询

戴斯蒙德在野林有几位朋友，他特别找了其中几人来问："你认识弗朗西丝·杜曼吧！她人怎么样？"朋友对她的评价令戴斯蒙德很满意。同时，戴斯蒙德得知，她打算在 5 月退休，退休后搬到北卡罗来纳州，与儿子同住。他告诉自己："我不能让她搬到北卡罗来纳州去，我可能会因此失去她，我得'趁热打铁'！"

———— ★★★★★ ————

新起点

"你要不要跟我一起参加祷告会？"弗朗提议。

"好，我会去。"戴斯蒙德答应了。

于是，弗朗和多萝西去了新英格兰教会参加祷告会，但戴斯蒙德没来。"他去哪里了呢？"她们在会后又等了几分钟，还是没等到戴斯蒙德。

多萝西说："他会不会以为是跟你在野林的祷告会碰面？"

"我想应该不会。"她想了一下又说，"不过，仔细想想，也许他真的会错意了，毕竟我们没有讲明是哪个地方。"

两人回到野林，发现教堂黑漆漆一片。不过，当她们正准备打道回府时，却发现了戴斯蒙德。他还在教堂，但也准备要走了——他的确去了野林的祷告会。

后来讲起这次阴错阳差的事件，他们觉得这是恰到好处的安排。因为若弗朗西丝在旁边，戴斯蒙德就没有机会向伯纳尔及玛嘉莉·鲍德温这对医生夫妻询问他们对于他和弗朗西丝的交往有何看法。刚好她不在，他才有机会征询他们的意见。他们给了他很好的建议，也祝福这段感情。

那天晚上离开野林前，戴斯蒙德和弗朗西丝讲了几分钟话。戴斯蒙德表示："我还没向你求婚！"

"对，你还没有。"弗朗西丝笑着说。

"我打算在周五这样做！"他说。

弗朗西丝知道，周五在查塔努加会有一场游行，是每年军人节的游行活动，身为荣誉勋章得主的戴斯蒙德每年都会受邀参加，不过戴斯蒙德为何特意挑这天，弗朗西丝并不明白。

游行要到下午一点才开始，不过在那之前会有个午宴。"现在才早上九点钟，接下来会发生什么事？"弗朗西丝很好奇。结果，戴斯蒙德把车开到了查塔努加的国家墓园，并继续往上开直到"荣誉勋章之树"的山丘上，多萝西的墓地就在附近。这对情侣环顾四周，然后……

"弗朗西丝，你愿意嫁给我吗？"戴斯蒙德将弗朗西丝搂入怀中。

"是的，我愿意。"她回答。

正式订下婚约的感觉真好，他们一起下山加入游行队伍。

"亲爱的，能和你一起参加游行真好。我是第一次来，以前从来没参加过，我想你应该参加过很多次了。"他说的确如此。

在墓地求婚确实不太寻常，弗朗西丝仔细想过，觉得戴斯蒙德应该是认为他生命的某部分已结束，现在要展开新的阶段，而墓地正适合作为重启新生命的起点。她的想法后来得到了证实：戴斯蒙德的确是这样想的。

—— ★ ★ ★ ★ ★ ——

婚礼

戴斯蒙德和弗朗西丝正一起查看 1993 年的日历：他们的婚礼

应该定在哪一天？"亲爱的，"戴斯蒙德说，"我7月4日要去蒂夫顿尼亚的一个浸信会教堂演讲，7月5日要参加道格拉斯维尔的游行。我们何不在这之前结婚？这样我们就可以一起去，大家总是邀请我参加这个、参加那个，我不想自己一个人去。"

"多萝西会当我的首席女傧相，至于伴娘，我想请我的另一位姐妹——玛丽来担任。可是玛丽和她先生艾尔6月要去华盛顿州看儿子，6月底才能回来。我们要不要定在7月1日周四？晚上六点这个时间可能会比较好。"弗朗西丝建议。

"我也觉得这样好。"戴斯蒙德说，"既然你在野林工作，你觉得他们有没有可能让我们在他们的教会举行婚礼？守望山教堂不够大，我想我们两个都希望在大教堂举行婚礼。"

"是的，我也希望这样。我想婚礼在野林举行没问题，我们可以举办个简单的婚礼，并且在各教会公布这个喜讯，邀请所有街坊邻居参加。"

婚礼团队在预演时，波金长老问戴斯蒙德（只是当作练习）："你是否愿意娶这女人为妻？"戴斯蒙德竟然说："我当然愿意！"大家都笑开了。不过，波金长老建议，到真正婚礼时，只回答"我愿意"就可以了。

结果，婚礼当天来了大约300人，让戴斯蒙德和弗朗西丝喜出望外。"我猜他们是想看看老人结婚是什么样子。"弗朗西丝后来笑着跟戴斯蒙德说。

戴斯蒙德和弗朗西丝从认识、交往到共结连理，整个过程简直像个梦，甚至可以说像个奇迹。婚后这些年，道斯家始终幸福平安。

尽管戴斯蒙德获得荣誉勋章已经是 50 多年前的事了，但仍常碰到有人向他索取签名，也常受邀到教会、学校及其他集会场合演讲。

戴斯蒙德多次受邀讲述他在第二次世界大战期间在冲绳以及其他
战区的经历，这是其中的一次。照片中，他正在示范他当年把伤
兵吊下悬崖所使用的称人结打法

第 20 章

重返冲绳

1995 年 3 月，戴斯蒙德收到了一封来自美军驻冲绳部队指挥官约翰·曼德威尔的正式信函，邀请曾参与冲绳战役的退伍军人重返冲绳，出席美军第二次世界大战战胜日本的 50 周年纪念活动。这个活动也是为了庆祝美日两国 50 年来的友谊与和平。

周日，戴斯蒙德和弗朗西丝飞到了冲绳。约翰·曼德威尔和他的夫人前来接机，一起来的还包括布莱恩·肯特及他的夫人米歇尔。约翰·曼德威尔得知戴斯蒙德和弗朗西丝是复临教会信徒，于是体贴地安排了同为教友的布莱恩·肯特上尉当戴斯蒙德在冲绳的导游。

后来，布莱恩告诉戴斯蒙德："你们在冲绳的这段时间，有些既定行程是一定要出席的，但其他时间就是自由活动，可以随自己安排。你们想去哪里尽管告诉我，我乐意效劳。"

有一天，他们去了伊江岛，也就是著名战地记者恩尼·派尔被杀的地方，前往该岛的过程一波三折，颇为刺激，那天布莱恩的太太米歇尔也来了。

每日的行程结束后，戴斯蒙德和弗朗西丝以及布莱恩会返回布莱恩家，一起享用一顿美妙的晚餐。米歇尔会邀请教会里的不同家庭来与他们共进晚餐，认识戴斯蒙德。对于这样的聚会，他们乐在其中。

教会前方有一个纪念碑，纪念曾参与冲绳战役的士兵，上面有戴斯蒙德的名字。在前田断崖附近曾经有个特别为戴斯蒙

戴斯蒙德·道斯 1995 年摄于前田高地。如今，断崖顶端设置了一座美丽的纪念公园。戴斯蒙德所站的位置是当年他将伤兵垂降下悬崖的地方

前田高地的和平纪念碑

戴斯蒙德和弗朗西丝搭乘直升机前往座间味岛，对这对快乐的夫妻来说，这是趟欢
乐的旅程

德·道斯的事迹而建的纪念碑，但后来随着高楼一栋栋盖起来，纪念碑渐渐被埋没在水泥丛林及杂草中。于是，后来有关单位决定将那座大纪念碑搬到崖下，放到教会的院子中。因此，它现在就竖立在教会的前院。

———— ★ ★ ★ ★ ★ ————

回首

戴斯蒙德和弗朗西丝的生活最近做了些改变。他们从田纳西州查塔努加附近的守望山，搬到亚拉巴马州的皮埃蒙特，离儿子麦克·杜曼和媳妇崔西住的地方不远。由于戴斯蒙德这几个月来几乎已失明，他们不再接受任何演讲的邀约。他们对新环境适应良好。

第 21 章

癌症

"亲爱的，我最近有点不太舒服，而且排尿时好像有些困难。"1999 年的某一天，戴斯蒙德向弗朗西丝透露。事实上，他的这些症状已经有一段时间了。弗朗西丝的儿子麦克·杜曼是一名麻醉师，在佐治亚州的罗马市工作。

"妈，你何不带爸来罗马市看福姆比医生？他是泌尿科的权威，让福姆比医生看看爸爸是怎么回事吧！"麦克在电话中提议。

"这建议听起来不错，不过前提是戴斯蒙德愿意。"弗朗西丝说。戴斯蒙德欣然接受，于是在 6 月 22 日，两人来到了福姆比医生的诊间。

医生跟戴斯蒙德谈过后，觉得戴斯蒙德可能是膀胱痉挛，不过他要确定一下。"我必须做个切片检查。"他告诉他们。

"福姆比医生，请问是什么时候？"弗朗西丝问。

"明天好吗？"他回答。

第二天早上，戴斯蒙德来到医院的门诊。结果出来后，麦克跑来找戴斯蒙德并告诉他："你今天早上的抽血结果有点异常：你的血红素很低。"

"那代表什么？"戴斯蒙德和弗朗西丝异口同声地问。

"你得等福姆比医生向你们解释。"他说。

几分钟后，福姆比医生来了。除了重复麦可的话，他还说："我们得帮你输血，切片要延后几天再做，因为在血红素这么低的情况下给你麻醉是很危险的。"戴斯蒙德那天接受了约 1420 毫升的输血，医生也给他注射了抗生素。

几天后，戴斯蒙德做了切片。弗朗西丝在候诊区等待，叫到她时，福姆比医生跟她去医院大厅谈了一下。

"道斯太太，你先生的膀胱长了肿瘤。现在，我们得帮他做个电脑断层，以确定肿瘤是否有扩散，以及扩散的程度。"

检查很快就排定。戴斯蒙德依指示来到医院的另一栋建筑，躺在一张硬邦邦的床上，被检查室里的机器在一个小的密闭空间里推进推出，做膀胱的 X 光。电脑断层证实了他的膀胱内确实有肿瘤，幸好并未扩散到其他器官。

后来，麦克告诉戴斯蒙德和弗朗西丝："福姆比医生非常惊讶肿瘤只长在膀胱，这种肿瘤通常都是从别的器官转移到膀胱的。"但接下来要怎么办？

医生们希望戴斯蒙德接受膀胱癌的治疗，戴斯蒙德和弗朗西丝自然接受。于是，接下来六周的每周二，戴斯蒙德都会接受一种治疗，将一种可以杀死癌细胞的物质嵌入他的膀胱，并在那儿停留一段时间。

每次接受完治疗，副作用都会让戴斯蒙德有些难受。他会觉得有点恶心想吐，且全身都怪怪的，不太舒服。有几次他还发高烧，变得非常虚弱，然而，前方却有一个奇迹在等着他！且让大家拭目以待吧！

在一次于佐治亚州的科琥塔泉举行的前锋会金波利大会中，戴斯蒙德把佐治亚坎伯兰区会青年事工部的负责人约翰·史瓦福德用称人结"绑了起来"

———— ★ ★ ★ ★ ★ ————

前锋会

前锋会将于 8 月 10 日到 14 日在威斯康星州的奥什科什市盛大举行。

"弗朗西丝，我们希望你和戴斯蒙德能来参加这次的金波利大会。戴斯蒙德每次来，都能带给年轻人许多启发和鼓励。你们打算来参加吗？"青年事工部负责人约翰·史瓦福德在电话的那一端说道。

"约翰，我不敢保证。你知道，戴斯蒙德因为罹患癌症，需要做化疗。我知道他一定很想参加，但还是要看他做完化疗的情况。我们先保持联络。"弗朗西丝说。因为戴斯蒙德耳聋，没办法通过电话讲话，就由弗朗西丝代劳。

有一次在医生诊间的时候，戴斯蒙德问："福姆比医生，我们在考虑是否要去威斯康星州，参加一个为青少年举办的营队，但它的时间正好卡在我最后一次治疗的那周。如果我把治疗延后一周，不知可不可行？"

福姆比医生说："没关系，你要是真的想去，就把治疗延后吧！"戴斯蒙德于是开始做去的打算。时间过得很快，转眼就到了预计前往威斯康星的前一周。弗朗西丝的姐妹多萝西·强森也打算去，一方面帮忙开车，一方面顺便去看看儿子，她的儿子住在

戴斯蒙德和弗朗西丝身着前锋会制服。戴
斯蒙德将他的故事讲给 22000 名年轻的前
锋会会员听

杰弗逊县，离奥什科什市不远。

那天是营队开始前一周的周二。"亲爱的，我觉得很不舒服，这周的治疗真的把我搞昏了。"戴斯蒙德告诉弗朗西丝，"我想威斯康星还是别去了，尽管我实在很想去。要是我们到了那里，我又觉得不舒服，这样不太好。"因此，他们决定还是待在家里比较好。

"亲爱的，既然我们打消了去威斯康星的计划，我要不要干脆就去完成我的最后一次治疗？虽然医生说我可以等等。"戴斯蒙德问弗朗西丝。

"对，我也觉得你就干脆把它做完。"弗朗西丝表示赞成。

第二天，戴斯蒙德再次去医院门诊，接受他的最后一次治疗。然后，第一个奇迹发生了：他接受完治疗后，没有像平常一样觉得身体不舒服。

周三早上约九点钟的时候，电话响起，弗朗西丝跑去接。是约翰·史瓦福德从奥什科什市的营地打来的。他刚在佐治亚州卡尔霍恩市的办公室得到消息，说戴斯蒙德不来了。

"弗朗西丝，戴斯蒙德现在的情形怎么样？你觉得他有可能来营队吗？我们真的很希望他来。今晚的节目已将他安排进去，我们和其他前锋会会员如果没能见到他，会很失望的。"

"约翰，我周一时也在想能不能在周二的时候飞到你们那里。我本来是想请你帮忙找人来接我们的，但我打电话没找到你。戴斯蒙德昨天刚进行最后一次治疗，但我还是要问问他，看他怎么说。"弗朗西丝表示。

她去跟戴斯蒙德商量："亲爱的，约翰打电话来。他想知道，如果他们可以帮我们安排好，你有没有可能今天飞到奥什科什？"

"当然好！"

于是，弗朗西丝拿起话筒，转达了戴斯蒙德的回复。半小时后，约翰跟佛烈德·富勒又打来了电话："你们可搭乘十二点半从查塔努加起飞的班机，在辛辛那提转机，大约傍晚五点抵达阿尔普顿。佛烈德·富勒会在那里接你们，带你们到营地。"

戴斯蒙德·道斯终于抵达营地，并如期上台，他将把大约75 个人拖到悬崖边，把他们垂降十多米，让他们可以被带下崖送往医护站，因而获得荣誉勋章的故事说给在场的 22000 名男孩和女孩以及协助筹办营队的辅导员们听。

然后，他们给了戴斯蒙德一个最棒也最出乎意料的惊喜。"戴斯蒙德·道斯，一直以来，你和前锋会会员一起同工，参与他们的金波利大会，多次在活动中跟他们分享互动，而你自己也梦想着能成为一名团师（Master Guide）。今晚，我们要让你的愿望成真。"接着，艾伦把象征团师的领巾围在戴斯蒙德的脖子上。"恭喜，你现在是一名团师了！"这对戴斯蒙德来说，是多大的惊喜！

戴斯蒙德与前锋会各小组的成员聊天互动，并为一本关于他的故事新书签名。戴斯蒙德不管到哪里，小男生、小女生都向他要签名，不然就是想跟他握手或讲话。

戴斯蒙德在治疗后，通常都会有几天的时间感到恶心想吐、发烧、身体虚弱。在营会期间，尽管戴斯蒙德周二才刚完成治疗，他却觉得身体状况好得很，只是偶尔会有点反胃。他发现喝点番茄汁可舒缓症状，于是，工作人员特别留意，确保番茄汁随时都有存货，让戴斯蒙德想喝就一定能喝上。整体而言，他胃口不错，也很喜欢那里的餐点。

1999年的前锋会金波利大会于周日早上画下句号，该是打包回家的时刻了。佛烈德·富勒再次开车载戴斯蒙德和弗朗西丝到阿尔普顿的机场，当天下午他们就回到了田纳西州的查塔努加。戴斯蒙德取了车，马上跳上驾驶座，开去附近的加油站加油。不过，弗朗西丝看得出他其实很不舒服，于是，趁他去加油时，她移到驾驶座，把车开回了家。

到家后，戴斯蒙德说："我觉得身体快瘫了！"然后，按照弗朗西丝的说法，他"直接倒在床上"。

接下来的两天，他将所有吃进去的食物全吐光，之后的两天也好不到哪儿去，他又在医院待了两天。约有两周的时间，他感到非常不舒服。

医生仍在追踪戴斯蒙德的肿瘤。尽管在1999年9月的检查报告中，切片呈阴性，但到了12月又变回了阳性。于是，在2000

年 2 月到 3 月间，戴斯蒙德做了 30 次放射线治疗。6 月再次检查时，结果呈阴性。他有体力从事更多活动，做更多工作；他已经很久都没能这样了，而且也不会像以前那样觉得那么疲累。

———— ★ ★ ★ ★ ★ ————

※ 戴斯蒙德·道斯因晚年长期遭受肺病之苦，进出医院多次，终至 2006 年 3 月 23 日逝世于亚拉巴马州皮埃蒙特市的家中。

右图是戴斯蒙德和弗朗西丝，摄于他过世前一年（2005 年 9 月 1 日），下图是戴斯蒙德葬于阿灵顿国家公墓的墓碑

后记

★★★★★

戴斯蒙德·道斯的生平略历

★ 1919年2月7日

出生于弗吉尼亚州的林奇堡市。

★ 1927—1936年

就读于林奇堡市的私立教会学校。

★ 1937—1942年

八年级毕业后在当地的木材工厂工作，之后到市政府工作，没多久又到造船厂工作，帮忙维持家计，直到1942年美国经济大萧条结束。

★ 1942年

被征召入伍。同年与多萝西·舒特结婚。

★ 1943年

被派驻亚利桑那州。

★ 1944年

在美国本土服役两年后，开始参与海外作战：第二次的关岛之役和菲律宾之役。因拯救伤兵，获得铜星勋章。

★ 1945年

参与第二次世界大战最激烈的冲绳之役。同年获得最大殊荣——荣誉勋章。

★ 1946年

因在战役中受重伤的后遗症，以及在雷伊泰岛感染肺结核而提早退役。同年儿子戴斯蒙德·道斯二世（Desmond Tommy Doss）出生。

★ 1951年

因疾病和军中重伤，差点瘫痪，自1946年起5年半的时间在荣民医院度过。

★ 1976年

因听力恶化，两耳全聋。

★ 1988年

移植人工电子耳重获听力。

★ 1991年

第一任妻子多萝西死于车祸。

★ 1993年

与第二任妻子弗朗西丝·杜曼结婚。

★ 1995年

重返冲绳。

★ 1999年

罹患膀胱癌。在金波利大会上对22000名前锋会会员演讲。

★ 2006年

逝世于亚拉巴马州家中，葬在田纳西州阿灵顿国家公墓。

— ★ ★ ★ ★ ★ —

勋章

戴斯蒙德·道斯一生荣获许多勋章，其中较著名的如下：

★ 荣誉勋章（Medal of Honor）

★ 铜星勋章（Bronze Star Medal）

★ 紫心勋章（Purple Heart Medal）

★ 陆军品德优良奖章（Army Good Conduct Medal）

★ 美国战功奖章（America Campaign Medal）

★ 亚太作战勋章（Asiatic-Pacific Campaign Medal）

戴斯蒙德喜爱的话语

"如果一件事不值得你好好做，就干脆不要做！"

"你知道多少不重要，能做到多少才重要。"

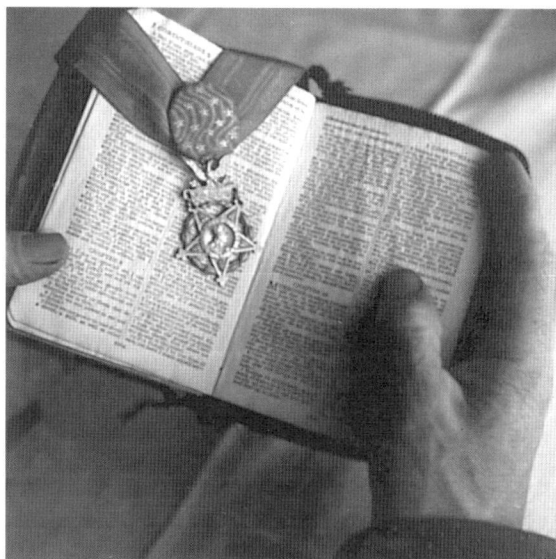

★ 戴斯蒙德·道斯手持《圣经》，上面的勋章是美国陆军荣誉勋章

特别感谢"戴斯蒙德·道斯委员会"
（Courtesy of Desmond Doss Council）
授权我们使用书中珍贵照片，美国太平洋出版
社、甲上娱乐公司，以及戴斯蒙德·道斯之子
戴斯蒙德·汤米·道斯等提供资料和意见，使
本书传奇故事得以更真实、完整地呈现。